Hello와 Hi 사이,
네이티브 영어의 비밀

초판 1쇄 인쇄 2025년 3월 26일
초판 1쇄 발행 2025년 4월 17일

지은이   AI 편집부
발행인   임충배
홍보/마케팅   양경자
편집   김인숙, 왕혜영
디자인   이경자, 김혜원
펴낸곳   도서출판 삼육오(Pub.365)
제작   (주)피앤엠123

출판신고 2014년 4월 3일
등록번호 제406-2014-000035호

경기도 파주시 산남로 183-25
TEL 031-946-3196 / FAX 050-4244-9979
홈페이지 www.pub365.co.kr

ISBN 979-11-94543-11-4 13740
© 2025 AI 편집부 & PUB.365

Hello 와 Hi 사이,

네이티브 영어의 비밀

저자 AI 편집부

PUB킹윤오

머리말

"Hello"와 "Hi"는 어떻게 다를까요?

누구나 알고 있는 인사 표현이지만, 그 안엔 숨어 있는 미묘한 차이는 없을까요?

영어가 어렵다고 말할 때가 있지만, 그만큼 재미있고 매력적이며 꼭 필요한 언어이기도 하죠.

한국어와 다른 영어, 끝이 안 보일 것 같아도 네이티브처럼 자연스럽게 말하고 싶다면, '조금만' 다른 시각을 가지면 됩니다. 이 책은 바로 그 '조금 다른 시각'을 가볍고 경쾌하게 제시해 드립니다. 똑같은 해석처럼 보이지만, 실제로는 약간씩 다른 뉘앙스를 가진 영어 표현들을 비교해 보는 재미를 느낄 수 있을 거예요.

영어를 배우는 것은 마치 새로운 언어를 통해 다른 세계로 여행을 떠나는 것과 같습니다. 하지만 그 여행에 필요한 건 단어의 뜻만이 아니라, 그 언어를 쓰는 사람들의 문화와 뉘앙스를 이해하면서 가장 적절한 표현을 사용하는 것. 그것이 진짜 회화의 시작이죠.

'너무 문법적으로 말하고 있는 것은 아닐까?' '원어민들은 이럴 때 어떤 표현을 쓸까?', '영어를 배우는 사람들이 자주 하는 실수는 뭐가 있을까?' 이 모든 의문과 궁금증을 이 책에서 시원하게 해결해 보세요.

친근한 사이에서 더 자연스럽게 나오는 말과, 우리나라의 속담처럼 영어권 문화 특유의 개성 있는 표현들도 함께 익힐 수 있습니다. 영어가 더 친숙해지고 일상생활과 자연스럽게 맞닿을 수 있도록 쉬우면서도 자주 사용되는 '네이티브 영어'를 모았습니다. 아는 만큼 보이고, 쓰는 만큼 더 재미있어지는 영어, 〈Hello와 Hi 사이, 네이티브 영어의 비밀〉에서 즐겁게 시작하세요!

01 Beginner vs. Native Speaker
단어의 뜻에 맞춘 문장과 원어민의 자연스러운 표현을 비교

02 Talk the talk
속담처럼 만들어진 영어의 재미있는 표현을 소개

03 Oops Moment
외국인들이 영어에서 틀리기 쉬운 표현을 올바른 활용과 함께 설명

1. 네이티브 식 표현 배우기

한국에 해석을 따라 만들어진 문장과
원어민들이 실제로 사용하는 표현을 가볍고
이해하기 쉽게 비교해 줍니다. 미묘한 뉘앙스의
차이가 느껴진다면, 진짜 영어에 한 걸음
다가서게 된 것이겠죠.

대화 MP3

2. In a chat
대화 속 표현 익히기

새롭게 배운 표현을 일상에서 흔히 겪는 대화
속에서 살펴볼 수 있어요. 주어나 시제에 따라
달라지는 활용법을 눈과 귀로 직접 익혀 보세요.

3. In a message
메시지로 문장 만들기

이미 만들어진 문장이 아니라 키워드를
활용해서 능동적으로 문장을 만들어 보세요.
작은 힌트를 눈여겨 본다면 얼마든지 혼자서도
완성할 수 있어요.

목차

01 Beginner vs. Native Speaker * 자연스러운 표현

Beginner vs.
Native Speaker

01 이해가 잘 안돼요.

I don't understand.
보다는

You lost me.

친구가 게임의 룰을 설명하는데, 어딘가부터 잘 이해가 되지 않는 상황일 때.
I don't understand. "나는 이해를 못 하겠어."라고 말해도 좋아요.

그런데 원어민들은 어떻게 말할까요?
비밀은!!
길을 잃거나 물건을 잃어버렸을 때 쓰는 단어 lost를 사용하면 돼요.

친구와 여행지에서 함께 구경하고 있는데,
사람들이 너무 많아서 친구와 거리가 멀어졌다고 생각해 보세요.
결국 친구가 날 놓치고 잃어버리게 된 거죠.

상황이나 설명을 이해하지 못했을 때 쓰는 자연스러운 표현

· You lost me.
  당신은 나를 잃어버렸어요 ➡ "이해가 잘 안돼요."

You roll the dice, then move your piece according to the number, but only if it's an even number.

MP3

　○ 주사위를 굴리고, 나온 숫자에 따라 게임 말을 움직여.
　　단, 숫자가 짝수일 때만 움직여야 해.

You lost me. What do you mean by 'even number'?

　○ 이해가 안 돼. '짝수'라는 게 뭐야?

 Like 2, 4, or 6.

　○ 예를 들면 2, 4, 또는 6 같은 숫자야.

Ah, got it. Thanks!

　○ 아, 이제 이해했어. 고마워!

In a message　키워드와 힌트를 활용해서 나의 메시지를 남겨 보세요.

키워드 ── when ─ start – ing ─ talk about ─ universe

■ 나의 메시지

글쎄... 네가 우주에 대해 이야기하기 시작했을 때부터, 나는 이해가 잘 안돼.

Well...

　　　　"when + 과거시제"로 "~했을 때"를 만들어 보세요.　힌트

📖 정답　When you started talking about the universe, you lost me.

02 내 실수예요.

It's my mistake.
보다는

My bad.

순간 저지른 실수를 인정하며 사과할 때, It's my mistake.
"내 실수예요."라고 편하게 말해도 좋아요.

그런데 원어민들은 어떻게 말할까요?
비밀은!!
나쁜 상황을 가리키는 단어 bad를 사용하면 돼요.

농구를 하다가 공을 잘못 던졌을 때, 혹은 사소한 실수를 했을 때 My bad.라고 간단히 말할 수
있어요. 정확하게는 It was my bad mistake, bad fault. "나의 나쁜 실수, 잘못이었어."라는 표현
에서 시작해요. 의도하지 않은 상황에서 순간적으로 짧게 말하기 위해서 간단하게 생략된 표현이죠.
가벼운 뉘앙스로 친구나 편한 사이에 자주 사용되곤 해요.

나의 실수를 순간적으로 인정할 때 쓰는 자연스러운 표현

· My bad.
나의 나쁜 ➡ "내 실수예요."

MP3

 Hey, you sent the wrong file to Ted.

◎ 너 테드한테 파일을 잘못 보냈어.

Oh no, my bad! I didn't realize that. How did you find out?

◎ 어머, 내가 실수야! 몰랐어. 넌 어떻게 알았어?

 You CC'd me on the email, so I noticed it right away. Luckily, he hasn't checked it yet.

◎ 이메일에 나를 참조로 넣었잖아. 그래서 바로 알아챘어. 다행히 아직 확인 안 하셨더라고.

Phew, that's a relief. Thanks for letting me know! I'll send the correct file now.

◎ 휴, 다행이다. 알려줘서 고마워! 지금 바로 올바른 파일을 보낼게.

 No problem. Just double-check next time!

◎ 괜찮아. 다음에는 꼭 다시 확인해 봐!

Will do. Thanks again for catching that.

◎ 알겠어. 다시 한번 알려줘서 고마워.

In a message 키워드와 힌트를 활용해서 나의 메시지를 남겨 보세요.

키워드 ─ **mean to** ─ **step on** ─ **foot**

■ 나의 메시지

이런, 내 실수야! 네 발을 밟으려던 건 아니었어.

Oops, _____

밟으려던 의도는 과거의 행동이에요. 힌트

정답 my bad! I didn't mean to step on your foot.

03 내가 낼게.

I will pay the bill.
보다는

It's on me.

오늘은 왠지 멋지게 쏘고 싶은 날, 상대방에게 유창하게 말해주고 싶을 때 어떤 표현이 좋을까요?
I will pay the bill. "내가 계산서를 지불할게."라고 말해도 좋아요.

그런데 원어민들은 어떻게 말할까요?
비밀은!!
책임과 부담을 위에 얹어둔다는 의미의 단어 on을 사용하면 돼요.

돈을 지불하는 그 책임의 상황(it)은 내 위에 있다는 표현이죠. The responsibility is on you.라고
하면 "그 책임은 너에게 있어."라는 뜻으로 활용할 수 있어요.

상대방에게 오늘 이 자리를 대접하고 싶을 때 쓰는 자연스러운 표현

· It's on me.
그건 내 위에 있어. ➡ "내가 낼게."

14

That was a great meal. I really enjoyed the steak.

➡ 정말 맛있는 식사였어. 스테이크 진짜 좋았어.

Yes, it was! The dessert was amazing, too.

➡ 맞아, 정말 그랬어! 디저트도 훌륭했고.

It's on me. I want to treat you today.

➡ 이건 내가 낼게. 오늘은 내가 쏘고 싶어.

Really? I appreciate it.

➡ 정말? 진짜로 고마워.

In a message   키워드와 힌트를 활용해서 나의 메시지를 남겨 보세요.

키워드 ─ **this time** ─ **next time** ─ **turn**

■ 나의 메시지

이번에는 내가 낼게. 그리고 다음번엔, 네가 사면되지.

직역으로 생각하면 "다음은, 너의 순서야."   힌트

📖 정답 It's on me this time. And next time, it's your turn.

04 잘 생각해 봐.

Think about it.
보다는

Sleep on it.

중요한 결정을 앞두고 충분히 고민해 보라고 말하고 싶을 때, Think about it.
"생각해 봐."라고 전해줘도 좋아요.

그런데 원어민들은 어떻게 말할까요?
비밀은!!
"잠을 자다"라는 뜻의 sleep을 사용하면 돼요.

쉽게 이해하기 위해서 하룻밤 자면서 깊이 생각해 본다는 뜻에서 시작해 볼게요.
예를 들어, 친구가 어떤 중요한 결정을 내리기 전에 망설이고 있을 때, Sleep on it.이라고 말해
보세요. 즉흥적인 판단 대신 "서두르지 말고 천천히 생각해 봐."라는 조언이 될 수 있어요. 이 표현은
Think about it. 보다는 좀 더 시간의 여유를 강조하는 느낌을 준다는 차이가 있어요.

시간을 가지고 생각해 보라는 조언을 할 때 쓰는 자연스러운 표현

· Sleep on it.
   그 문제 위에서 잠을 자봐.   ➡   "잘 생각해봐."

16

MP3

I have two final interviews Friday morning.
○ 금요일 아침에 최종 면접 두 군데가 있어.

Don't they overlap?
○ 시간이 겹치지는 않아?

They're at similar times, so I'm struggling where to go.
○ 비슷한 시간이야. 그래서 어디에 갈지 고민이야.

That's an important choice. You should sleep on it.
○ 중요한 선택이네. 신중하게 고민해 봐.

In a message　키워드와 힌트를 활용해서 나의 메시지를 남겨 보세요.

키워드 ─ **before** ─ **make a decision** ─ **final**

■ 나의 메시지

최종 결정을 하기 전에, 천천히 생각해 보자.

"~하자"라는 권유의 표현을 기억해 보세요.　[힌트]

정답 Before making a final decision, let's sleep on it.

서둘러.

Hurry up.
보다는

Get a move on.

급한 상황에서 빨리 서두르라고 재촉할 때, Hurry up.
"서둘러."라는 표현은 쉽게 떠올릴 수 있을 거예요.

그런데 원어민들은 어떻게 말할까요?
비밀은!!
"움직이다"라는 뜻의 move와 전치사 on을 함께 사용하면 돼요.

move on은 "상황에서 벗어나거나 다음 단계로 나아간다"라는 의미를 갖는 표현이에요.
Let's move on.이라고 하면 다음 단계로 넘어가자는 말이 되겠죠.
그럼 빨리 서두르라는 의미로는 어떻게 활용할 수 있을까요?
바로 행동을 유도하는 get을 함께 사용해서 "빠르게 다음 행동으로 전환하라"는 의미의 명령으로
사용하면 돼요. 약간은 강압적으로 들릴 수 있지만, 순간적으로 재촉하는 급박한 상황에서는 자주 사
용되는 실용 표현이랍니다.

상대방에게 서두르라고 재촉할 때 쓰는 자연스러운 표현

- Get a move on.
  다음 단계로의 움직임을 가져봐. ➡ "서둘러."

We need to leave for the airport in 10 minutes.

    ◎ 우리 10분 안에 공항으로 출발해야 해.

MP3

I'm almost ready. I just need to put my shoes on.

    ◎ 거의 준비됐어. 신발만 신으면 돼.

 Get a move on! We can't afford to waste any more time.

    ◎ 서둘레! 시간을 더 끌 여유가 없어.

Got it, let's go now!

    ◎ 알겠어, 지금 나가자!

In a message 키워드와 힌트를 활용해서 나의 메시지를 남겨 보세요.

[키워드]— if — want to — get — seat — need to

■ 나의 메시지

좋은 자리를 얻고 싶으면, 우리는 서둘러야 해.

메시지에는 생략된 첫 문장의 주어와 자리의 개수를 생각해 보세요.   [힌트]

📖 정답 If we want to get good seats, we need to get a move on.

I'll review it.
보다는

I'll go over it.

다시 살펴본다는 의미로 흔히 review를 떠올리죠.
I'll review it. "내가 다시 볼게."는 어떤 내용이든 자세히 살펴볼 때 사용되는 말이어서 포괄적인 의미로 두루 쓰일 수 있어요.
하지만 문서나 자료처럼 조금은 공식적인 검토나 평가의 상황으로 느껴질 수도 있죠.

그러면 원어민들은 어떻게 말할까요?
비밀은!!
"가다"라는 의미인 go와 over를 함께 사용하면 돼요.

go over는 "상세히 살펴보다, 검토하다"라는 의미예요. review보다는 가벼운 느낌으로, 무언가를 확인하거나 자세히 점검할 때 많이 사용하는 표현이에요. 세부 사항과 절차를 면밀하게 살펴보겠다는 느낌을 담고 있기도 해요.
하나씩 넘어가 보면서 검토하겠다는 느낌으로 떠올리면 기억하기 쉬울 거예요.

알고 있는 상황이나 내용에 대해 다시 검토해 볼 때 쓰는 자연스러운 표현

· I'll go over it.
  내가 그것을 넘어가 볼게. ➡ "내가 한번 살펴볼게."

Take a look at this. I've made a plan for our trip to Europe.
What do you think?

◎ 이것 좀 봐 봐. 내가 유럽 여행 계획을 짜 보았어. 어떤 것 같아?

MP3

I'll go over it.

◎ 내가 한번 살펴볼게.

I want to see as many places as possible.

◎ 난 최대한 여러 곳을 돌아다녀 보고 싶어.

Hmm... Aren't you trying to visit too many places in one day?

◎ 음... 하루에 너무 많은 곳을 가는 건 아닐까?

You never know when you'll get to go to Europe again.

◎ 유럽은 언제 또 갈 수 있을지 모르잖아.

That's true... You make a good point.

◎ 하긴... 네 말도 일리가 있네.

In a message 키워드와 힌트를 활용해서 나의 메시지를 남겨 보세요.

키워드 ── report ─ before ─ submit

■ 나의 메시지

내 리포트를 제출하기 전에 한번 살펴봐 줄 수 있어?

"할 수 있다"라는 뜻의 조동사로 질문을 만들어 보세요. 힌트

정답 Can you go over my report before I submit it?

Slow down.
보다는

Ease up.

동료가 잘 풀리지 않는 일 때문에 스트레스를 받고 있을 때, 진정하고 천천히 하라는 위로와 조언을 해줄 수 있겠죠. 이럴 때 느린 속도의 표현인 slow가 쉽게 떠오를 거예요. 이를 활용해서 Slow down. "천천히 해."라고 말할 수도 있어요.
그런데 Slow down.은 물리적인 움직임이나 속도를 줄일 때 주로 사용되곤 해요. 운전을 천천히 하라던지, 뛰는 속도를 줄이라고 할 때처럼요.

그럼 원어민들은 어떻게 말할까요?
비밀은!!
강도나 압박을 줄이고 "편안하고 부드럽게 하다"의 뜻인 ease를 활용하면 돼요.

Ease up.은 단순히 속도를 늦추라는 뜻도 있지만, "심리적인 긴장이나 압박감을 낮춘다"는 의미로 많이 사용해요.
단, 꼭 기억할 것이 있어요. 우리에게 더 "쉬운" 단어, easy가 아니라는 점! 잊지 마세요.

스트레스를 받거나 고민이 많은 사람에게 해줄 때 쓰는 자연스러운 표현

- Ease up.
  진정하는 마음의 정도를 더 올려봐. ➔ "진정하고 천천히 해."

MP3

You've been working nonstop for hours.

○ 너 몇 시간째 쉬지 않고 일하고 있어.

I know, but I'm trying to meet the deadline.

○ 알아, 그런데 마감일을 맞추기 위해 노력 중이야.

Ease up, there's no need to burn yourself out. Take a short break.

○ 진정해, 그렇게 무리할 필요 없어. 짧은 휴식시간을 좀 가져봐.

That's true... Easing up can make a big difference.

○ 그건 그래... 쉬엄쉬엄하는 게 큰 차이를 만들 수 있지.

In a message   키워드와 힌트를 활용해서 나의 메시지를 남겨 보세요.

(키워드)─ **on** ─ **pressure** ─ **get** ─ **done** ─ **on time**

■ 나의 메시지

압박감을 내려놔. 넌 제시간에 그걸 끝낼 수 있을 거야.

_____

get + 목적어(명사) + 형용사   (힌트)

 정답 Ease up on the pressure. You'll get it done on time.

08 준비해!

Be ready!
보다는

Get set!

운동 경기나 경주 시작 직전. 긴박한 상황에서 준비를 외칠 때 어떻게 말하면 좋을까요?
우리에게 익숙한 I'm ready.에서 생각해 보면, Be ready! "준비해!"라고 해도 될 것 같은데 말이죠.
하지만 Be ready.는 준비가 다 된 상태를 유지하고 있으라는 표현이기 때문에 활용이 조금 다를 수
있어요.

그러면 원어민들은 어떻게 말할까요?
비밀은!!
무언가를 얻을 때 사용하는 동사 get에 그 해답이 있어요.

get은 "~한 상태로 되다"라는 의미로도 자주 사용되는 동사예요. 그래서 Get set!이라고 말하면, 쉽
게 해석해서 "세팅이 된 상태로 돼라!"는 뜻이 되죠. 그래서 짧은 시간 안에 즉각적인 행동을 요구할
때 많이 쓰이는 표현이에요. 경주나 어떤 준비 상황에서 정신적, 신체적으로 준비하라는 뜻이기 때문
에 특히 출발 직전의 구호로 많이 활용되고 있어요.

빠른 준비 태세를 갖추라고 말할 때 쓰는 자연스러운 표현

- Get set!
  셋팅 된 상태가 되도록 해! ➔ "준비해!"

Are you all set for the party tonight?
　◎ 오늘 밤 파티 준비는 됐어?

Not yet! I still have to clean the house.
　◎ 아직 아니야! 아직 집 청소를 해야 해.

Let's get set! We only have a few hours left.
　◎ 얼른 준비하자! 몇 시간밖에 안 남았어.

No way! Okay, I'll start with the living room.
　◎ 말도 안 돼! 좋아, 난 거실부터 시작할게.

And I'll help with the decorations.
　◎ 그럼 난 장식을 도와줄게.

In a message　키워드와 힌트를 활용해서 나의 메시지를 남겨 보세요.

키워드 — before — presentation — start — material

■ 나의 메시지

발표가 시작되기 전에, 자료를 준비하세요.

"~과 함께"라는 전치사가 "자료" 앞에 필요해요.　힌트

정답　Before the presentation starts, get set with your materials.

난 당신을 존경해요.

I respect you.
보다는

I look up to you.

흔히 "리스펙" 한다고 말하는 respect는 존경과 존중을 나타내는 뜻이죠. 상대방에 대한 존경을 표현하고 싶을 때, I respect you. "당신을 존경해요."라고 말해도 좋아요.

그런데 원어민들은 어떻게 말할까요?
비밀은!!
바라본다는 뜻의 look을 활용한 표현 look up to에 있어요.

I look up to you.는 단순하게 그 사람의 능력이나 인격을 존중하는 respect 보다는 조금 더 개인적인 감정을 담아서 보여주는 말이에요. 상대방을 롤 모델로 삼거나, 그 사람의 가치관이나 행동을 따라서 배우고 싶다는 느낌까지 전달할 수 있거든요. 선생님이나 부모님, 멘토에게 전하면 정말 좋은 마음의 표현이 될 거예요.

상대방에 대한 존경의 마음을 전할 때 쓰는 자연스러운 표현

· I look up to you.
  난 당신을 올려다봐요. ➡ "난 당신을 존경해요."

You've been a great mentor to me. I really look up to you.

◐ 선생님은 저에게 훌륭한 멘토였어요. 정말로 존경합니다.

MP3

Wow, that means a lot to me. Thank you.

◐ 와, 그 말은 나에게 정말 큰 의미가 있단다. 고마워.

A wonderful teacher like you is hard to come by.

◐ 선생님처럼 멋진 스승은 다시 만나지 못할 거예요.

I hope your future is always bright.

◐ 너의 미래가 항상 빛나길 기원할게.

In a message 키워드와 힌트를 활용해서 나의 메시지를 남겨 보세요.

키워드 ─ **grow up** ─ **always** ─ **have+p.p.** ─ **pilot**

■ 나의 메시지

자라면서, 난 항상 파일럿을 존경해왔어.

"-ing"로 "~하면서"를 만들 수 있어요. 힌트

정답 Growing up, I've always looked up to pilots.

10 ▶ 계속해.

Continue.
보다는

Carry on.

누군가 흥미로운 얘기를 하던 도중에 갑자기 멈춘다면, 하던 말을 마저 하라고 종용하게 되죠.
이런 상황에서 영어로는 어떻게 표현하면 좋을까요?
우리가 알고 있는 동사를 사용해서 Continue. "계속해."라고 말해도 좋아요.

그런데 편한 친구 사이에서 원어민들은 어떻게 말할까요?
비밀은!!
운반하거나 지니고 간다는 뜻의 단어 carry를 떠올리면 돼요.

흔히 "하드캐리 한다"라는 표현으로 익숙한 carry는 연상되는 느낌 그대로 물건이나 어떤 상황의 부담을 지는 것을 의미해요. 여기에서 생겨난 표현 carry on은 "계속하다, 진행하다"라는 뜻으로 자주 사용되는 숙어예요. continue와 비슷하지만 조금 더 가볍고 일상적인 느낌을 주는 표현이죠. 친구나 동료들과 일상생활에서 친근하고 편하게 쓸 수 있는 활용도가 높은 한마디예요.

하던 것을 계속하라고 말할 때 쓰는 자연스러운 표현

· Carry on.

  계속해서 유지해. ➡ "계속해."

28

MP3

You're not going to believe this. Yesterday, Loren told me an unbelievable secret...

◎ 이건 정말 믿기지 않을 거야. 어제 로렌이 믿기 어려운 비밀을 말해줬거든...

What? Don't stop now, tell me more!

◎ 뭐? 지금 멈추지 말고 더 말해 줘!

Hmm... I'm not sure if I should. It feels a little too personal.

◎ 음... 이걸 말해도 될지 모르겠어. 좀 개인적인 얘기 같아서...

Oh, come on! Don't leave me hanging like this. Carry on!

◎ 아, 제발! 이렇게 궁금하게 만들어놓고 말을 멈추면 안 되지. 계속해 봐!

Alright, alright. So here's what Loren said...

◎ 알겠어, 알겠어. 그러니까 로렌이 그러는데...

In a message　키워드와 힌트를 활용해서 나의 메시지를 남겨 보세요.

키워드 ── once ─ have+p.p. ─ start ─ have to

■ 나의 메시지

일단 시작했으면, 계속해야지.

상대방에게 해주는 말이라면 주어는 누구일까요? [힌트]

[정답] Once you've started, you have to carry on.

11 가서 해내고 와.

Do your best.
보다는

Go get them.

중요한 경기나 시험을 앞둔 친구에게 해줄 수 있는 최고의 응원은 무엇일까요?
최고의 기량으로 잘 하고 오라는 의미에서 Do your best. "최선을 다해봐."라고 해도 될 것 같은데
말이죠.

이럴 때 원어민들은 뭐라고 할까요?
비밀은!!
얻고 획득한다는 뜻의 get을 사용하면 돼요.

Go get them.은 상대방을 격려하거나 응원할 때 사용하는 표현이에요.
Do your best. 보다 조금 더 도전적이고 목표 달성을 바라는 느낌을 주기 때문에, 특히 스포츠
경기나 중요한 프레젠테이션, 면접을 앞둔 지인에게 자주 해주는 말이에요. 목표를 향해 나아가서
결국 쟁취하라는 응원의 표현이죠.

좋은 결과를 달성하고 오라는 의미를 담은 자연스러운 응원

- Go get them.
  가서 그것들을 얻어내. ➡ "가서 해내고 와."

Today's the big final! I'm so nervous.
- 오늘 드디어 결승전이야. 너무 떨려.

The other team is last year's champs, right?
- 상대팀이 작년 우승 팀이라고 했지?

Yeah, I'm not sure if we can handle it.
- 맞아, 우리가 잘 해낼 수 있을지 모르겠어.

If you play like you always do, you've got this.
Go get them and bring home the win!
- 평소처럼만 하면 충분히 이길 수 있어.
  가서 해내고, 승리를 가져와!

In a message 키워드와 힌트를 활용해서 나의 메시지를 남겨 보세요.

키워드 — should — try — escape room game

■ 나의 메시지

넌 꼭 가서 새로운 방 탈출 게임을 해봐야 해.

"가서 해내, 그리고 시도해 봐"라고 문장을 연결하면 돼요   힌트

📖 정답 You should go get them and try the new escape room game.

12 연락해.

Text me.
보다는

Hit me up.

친구 사이의 인사로 많이 사용되는 "연락해."라는 표현을 영어에서는 뭐라고 할까요?
Call me. "전화해." 혹은 메시지를 주로 사용하는 사람들은 Text me. "문자 보내."라고 말하기도 해요.

그런데 원어민들은 일상에서 주로 어떻게 말할까요?
비밀은!!
연락을 때린다는 의미로 hit과 up을 떠올리면 돼요.

Hit me up.은 연락을 달라고 할 때 사용하는 생활속의 가벼운 표현이에요. 전화나 메시지, SNS 등 다양한 방법으로 연락해달라는 의미를 포함하고 있어서 더 넓은 의미로 자주 사용돼요.

친한 사이에 가볍게 연락을 요청하는 자연스러운 표현

- Hit me up.
  나한테 연락 때려. ➡ "연락해."

MP3

Hey, do you want to grab coffee later?
◉ 있잖아, 나중에 커피 한잔할래?

Sure! Just hit me up when you're free.
◉ 좋아! 네가 시간 있을 때 연락해.

How about around 3 PM?
◉ 오후 3시쯤 어때?

Sounds good! I'll be around.
◉ 괜찮아! 주변에 있을게.

I have to go somewhere nearby, so I'll text you then.
◉ 근처에 다녀올 곳이 있어서, 그때 문자할게.

Awesome! See you then!
◉ 아주 좋아! 이따 보자!

In a message 키워드와 힌트를 활용해서 나의 메시지를 남겨 보세요.

키워드 —[need to]–[tell]–[so]–[right away]

■ 나의 메시지

꼭 할 말이 있으니까, 바로 연락해.

tell의 목적어인 "무언가"를 단어로 떠올려 보세요. 힌트

정답 I need to tell you something, so hit me up right away.

내가 그것을 알아볼게.

I'll investigate it.
보다는

I'll look into it.

어떤 상황에 대해서 자세히 알아볼 필요가 있을 때, I'll investigate it.
"내가 그것을 조사해 볼게."라고 말할 수 있어요.

그런데 원어민들은 어떻게 말할까요?
비밀은!!
본다는 의미의 look과 안으로 들어간다는 뜻의 into를 함께 사용하면 돼요.

I'll look into it.은 어떤 문제나 상황, 제안에 대해 세부 사항을 살펴보겠다는 표현이에요.
Investigate가 연구나 범죄 등 조금 더 공식적이고 철저한 조사의 뉘앙스를 가진다면, I'll look
into it.은 일상생활에서 일어나는 상황에 대해 가볍게 알아보겠다는 의미로 더 자주 사용돼요.

상황을 조사해서 확인해 보겠다는 의미의 자연스러운 표현

- I'll look into it.
  내가 안으로 들어가서 그것을 볼게. ➔ "내가 그것을 알아볼게."

MP3

 I think this month's credit card bill is off.

◎ 이번 달 카드 값이 안 맞는 것 같은데?

No way. The card company wouldn't make a mistake.

◎ 그럴 리가. 카드사에서 실수할 리가 없잖아.

It doesn't match what I saved in my Excel sheet.

◎ 내가 엑셀로 저장해 둔 내용과 일치하질 않아.

Show it to me. I'll look into it.

◎ 나한테 보여줘 봐. 내가 한번 체크해 볼게.

In a message 키워드와 힌트를 활용해서 나의 메시지를 남겨 보세요.

키워드 — **look like** – **wrong** – **with** – **in front**

■ 나의 메시지

앞 차에 문제가 있는 것 같은데, 내가 한번 알아볼게.

"차와의 잘못된 무언가가 있다"라고 문장을 만들어 보세요. 힌트

📖 정답 It looks like there's something wrong with the car in front. I'll look into it.

정말 기대돼.

I'm excited about it.
보다는

I'm looking forward to it.

너무나 신나는 일을 앞두고 있을 때, 자주 들어 본 excited "기대되는, 흥분된"이라는 단어를 사용해서 I'm excited about it. "그것에 대해 기대된다."라고 말할 수 있겠죠.

그런데 원어민들은 어떻게 말할까요?
비밀은!!
신나는 앞날을 바라본다는 의미로 look과 forward "앞으로"를 함께 사용하면 돼요.

I'm looking forward to it.은 다가오는 일이나 이벤트에 대한 기대감을 드러내는 정말 많이 쓰이는 문장이에요. I'm excited about it.이 흥분되고 신난다는 지금 현재의 감정에 집중한 말이라면, I'm looking forward to it.은 미래에 대한 기대감에 더 집중한 표현이라고 볼 수 있어요.
단, 주의하세요. 그 날로 향하는 마음을 to "~로"와 함께 보여줘야 해요.

앞으로의 일에 대한 기대와 설렘을 나타내는 자연스러운 표현

• I'm looking forward to it.
난 그것을 향해서 앞을 보고 있어. ➡ "정말 기대돼."

There's a high school reunion this weekend.

○ 이번 주말에 고등학교 동창회가 있어.

Wow! It must be great to see everyone after such a long time.

○ 우와! 진짜 오랜만에 만나는 거라 정말 좋겠다.

 Exactly. I'm really looking forward to it.

○ 맞아. 너무 기대돼.

Is your first crush Jennie going to be there?

○ 네 첫사랑 제니도 온대?

 Yeah! I'm just counting down the days.

○ 응. 그래서 그날이 오기를 손꼽아 기다리는 중이야.

Make sure to tell me all about it afterwards!

○ 다녀와서 어땠는지 꼭 알려줘!

In a message 키워드와 힌트를 활용해서 나의 메시지를 남겨 보세요.

키워드 — **really** — **trip abroad**

■ 나의 메시지

다음 달의 첫 해외여행이 너무 기대돼.

나의 첫 여행을 "기대하고 있는 중"이에요. 힌트

정답 I'm really looking forward to my first trip abroad next month.

15 난 그게 정말 좋아.

I like it.
보다는

I'm into it.

무언가 관심이 가는 대상이 생겼을 때, I like it.
"난 그걸 좋아해."라고 호감을 표현할 수 있어요.

그런데 원어민들은 어떻게 말할까요?
비밀은!!
"안으로"라는 뜻을 담아서 into를 사용하면 돼요.

I'm into it.은 특정한 대상에 대해서 아주 깊은 관심이나 애정이 있을 때 사용하는 표현이에요.
I like it.이 일반적인 긍정과 단순한 호감을 보여준다면, I'm into it.은 무언가에 푹 빠졌다고 표현할
만큼 더 강한 호감과 열정을 표현하는 말이에요.
관심이 가는 대상에 대한 강조의 뉘앙스를 담아서 일상생활에서 정말 많이 사용되고 있답니다.

정말 좋아하는 무언가에 강한 애정을 담을 때 쓰는 자연스러운 표현

· I'm into it
난 그것 안에 있어. ➡ "난 그게 정말 좋아."

MP3

Have you seen the new season of that series on Netflix?
- 넷플릭스에서 그 시리즈의 새 시즌 봤어?

No, I haven't watched it yet. Is it worth it?
- 아니, 아직 안 봤어. 볼 만해?

Definitely! The storyline is even more exciting than before.
- 당연하지! 줄거리가 이전보다 더 흥미진진해.

I really enjoyed the previous season.
- 난 이전 시즌도 진짜 재미있었는데.

I'm totally into it! I'm going to finish the rest this weekend.
- 나는 그거에 완전히 빠져 있어! 이번 주말에 나머지 다 볼 거야.

Wow, I need to catch up, too!
- 와, 나도 따라잡아야겠다!

In a message   키워드와 힌트를 활용해서 나의 메시지를 남겨 보세요.

키워드 — **have + p.p.** - **really** - **since** - **meet**

■ 나의 메시지

난 어제 만난 이사벨에게 완전히 빠져 있어.

우리가 어제 만났던 사건은 과거시제예요.   힌트

📖 정답   I've been really into Isabel since I met her yesterday.

16 ▶ 믿을 수가 없어

I don't believe it.
보다는

I'm not buying it.

정말 놀라운 상황을 보았거나 이야기를 들었을 때, 우리는 종종 이 상황이 믿기지 않는다고 말하곤 하죠. 이럴 때, I don't believe it. "난 그걸 믿을 수가 없어."라고 말할 수도 있어요.

그런데 원어민들은 어떻게 말할까요?
비밀은!!
무언가를 "사다"라는 뜻의 buy를 사용하면 돼요.

상황이나 상대방의 말을 진실로 받아들이고 사겠다는 표현 방식인데, 정말 재미있지 않나요? 단, 주의하세요. 믿을 수 없다는 것은 그 말을 사지 않겠다는 뜻이니까 I'm not buying it.이라고 표현해야 돼요. buy를 "믿다" 혹은 "수용하다"라는 의미로 사용해서, 상대방의 주장에 대해 회의적이라는 뉘앙스로 사용하면 돼요.

믿기 어려운 혹은 놀라운 상황에 쓰는 자연스러운 표현

· I'm not buying it.
  나는 그 말을 사지 않겠어. ➡ "믿을 수가 없어."

MP3

Did you hear that Jake won the lottery and bought a yacht?
◐ 제이크가 복권에 당첨돼서 요트를 샀다는 얘기 들었어?

Really? I'm not buying it.
◐ 진짜? 난 그 말 못 믿겠어.

Right? That sounds too crazy to be true.
◐ 그렇지? 정말 믿기 어려운 얘기 같아.

Yeah, I think it's just a rumor.
◐ 맞아, 내 생각에도 그냥 뜬 소문인 것 같아.

In a message 키워드와 힌트를 활용해서 나의 메시지를 남겨 보세요.

키워드 — say — used to — have — six-pack

■ 나의 메시지

그가 예전에는 식스팩이 있었다고 말하는데, 난 그 말이 믿기지 않아.

주어와 동사의 구분이 명확한 문장에서는 관계 대명사 that을 주로 생략해요. 힌트

📖 정답 He says he used to have a six-pack, but I'm not buying it.

17 그건 취소됐어.

It was cancelled.
보다는

It was called off.

친구들과의 약속이나 여행 계획, 기대하던 행사가 취소되었을 때, 이 정보를 어떻게 전달할 수 있을까요?
물론 cancel (취소하다)라는 단어를 활용해서 It was cancelled. "그건 취소되었어."라고 말해도
좋아요. 그런데 이 표현은 비즈니스 미팅이나 공식적인 상황에서 아예 취소되었음을 알리는 표현처럼
느껴질 수 있어요.

그러면 원어민들은 어떻게 말할까요??
비밀은!!
"부르다"라는 뜻으로 알고 있는 call을 활용한 표현을 기억하면 돼요.

call off는 "중단하다, 취소하다"라는 의미를 가진 구어체에서 많이 쓰이는 표현이에요.
뉴스나 공식적인 문서가 아니라 친구와의 약속이 깨졌다는 조금 더 가벼운 상황에서는 It was
called off.라는 표현을 더 편하게 사용하곤 해요.

일상에서의 계획이나 약속이 취소되었을 때 쓰는 자연스러운 표현

· It was called off.
  그것은 중단되었어. ➡ "그건 취소됐어."

Are you going to the concert at the city hall this Saturday?

○ 이번 토요일 시청 콘서트에 참석할 거야?

MP3

I was planning to, but I heard it was called off.

○ 그럴 계획이었는데, 취소되었다고 들었어.

Really? That's a bummer! Do you know why?

○ 정말? 안타깝다! 왜 그런지 알아?

Yes, they said it was due to some issues with permits for the teens.

○ 응, 청소년들 허가 문제 때문이라고 하더라고.

In a message 키워드와 힌트를 활용해서 나의 메시지를 남겨 보세요.

[키워드]━ **be going to** ─ **have** ─ **suddenly**

■ 나의 메시지

그녀와 데이트를 할 예정이었는데, 갑자기 취소되었어.

과거의 그 당시에 "~을 할 예정이었다"라고 표현해야 해요. [힌트]

📖 정답 I was going to have a date with her, but it was suddenly called off.

18 ▶ 저리 좀 가!

Leave me alone!
보다는

Get lost!

기분이 안 좋거나 혼자 있고 싶을 때, "Leave me alone." "나를 혼자 있게 놔둬."라고 하면, 상대방에게 방해받지 않고 싶다는 메시지를 전달할 수 있어요.
이 표현은 비교적 덜 공격적인 뉘앙스를 가지고 있어서 일반적인 상황에서 자주 사용돼요.

그런데 화가 났거나 상대방이 매우 성가시게 굴어서 더 강렬하게 "저리 가!"라고 말할 때 원어민들은 어떻게 표현할까요?
비밀은!! get과 lost, 이 두 개의 단어에 있어요.

Get lost!는 상대방에게 "저리 가!" 또는 "사라져버려!"라는 강한 메시지를 전달하기 때문에, 매우 감정적인 상황에서 사용되고 직접적으로 강한 거부 의사를 나타낼 수 있어요.
그래서 흔히 화가 난 상황이나 상대방이 지나치게 귀찮게 굴 때 주로 사용하죠.
하지만 공격적으로 들릴 수 있으니 상황에 따라 신중히 사용해야겠죠?
친한 친구 사이에서는 장난으로 사용되기도 하지만, 상대방의 기분을 고려해야 한다는 점! 꼭 기억하세요.

정말 짜증 나서 저리 가라고 외치고 싶을 때 쓰는 자연스러운 표현

· Get lost!
  길을 잃어버려! ➡ "저리 좀 가!"

44

MP3

Why are you always following me around? It's so annoying!
◐ 왜 자꾸 나를 따라다니는 거야? 정말 짜증 나!

I just want a quick answer.
◐ 그냥 대답을 빨리 듣고 싶어서 그래.

Get lost! I said I would tell you when I know the result.
◐ 저리 좀 가! 결과를 알게 되면 내가 말해준다고 했잖아.

Fine, whatever. I'm out of here.
◐ 좋아, 알았어. 갈게.

In a message 키워드와 힌트를 활용해서 나의 메시지를 남겨 보세요.

키워드 ― be ― sick and tired of ― argue ― with

■ 나의 메시지

그냥 저리 좀 가, 너랑 논쟁하는 것도 지겨워.

전치사 of 뒤에는 명사나 동명사가 와야 해요. 힌트

정답 Get lost, I'm sick and tired of arguing with you.

19 편하게 하세요.

Feel free.
보다는

Be my guest.

상대방에게 무언가를 양보하거나 물건을 빌려주는 상황일 때,
"편하게 하세요."라고 흔쾌 허락하고 싶다면? 영어로는 어떻게 말할 수 있을까요?
자유롭고 편안하게 느끼라는 의미에서 Feel free. "자유롭게 느끼세요."라고 말해도 부담 없이 행동
하라는 뜻을 전달할 수 있어요.

그런데 원어민들은 어떻게 말할까요?
비밀은!!
손님이라는 뜻의 guest로 재미있는 표현이 만들어진답니다.

Be my guest.는 내 집에 초대받은 손님처럼 편하게 행동하라는 의미에서 상대방이 그 행동을 해도
좋다고 허용하는 상황에 자주 사용되는 말이에요. Feel free.가 일반적인 의미에서 자유롭게 원하는
대로 하라는 표현이라면, Be my guest.는 조금 더 호의적인 허락을 담은 친근한 뉘앙스를 가지고
있어요.

상대방의 요청에 양보나 허락을 전하는 자연스러운 표현

· Be my guest.
  나의 손님이 되세요. ➜ "편하게 하세요."

MP3

 I was thinking about borrowing your car. Would that be okay?

◯ 네 차를 빌릴 수 있을까 생각하고 있던 참인데. 그래도 될까?

Sure, be my guest!

◯ 물론이지, 마음대로 해!

 Really? I didn't think you'd say yes so easily.

◯ 진짜? 이렇게 쉽게 허락해 줄 줄은 몰랐어.

Just make sure to fill up the gas before you return it.

◯ 돌려주기 전에 기름을 채워 넣는 것만 잊지 마.

 No problem! I'll take good care of it.

◯ 알겠어! 잘 관리할게.

In a message   키워드와 힌트를 활용해서 나의 메시지를 남겨 보세요.

키워드 ─ **grab** **snack**

■ 나의 메시지

간식을 좀 가져가고 싶다면, 편하게 가져가.

직역으로는 "약간의, 조금의 간식들"로 표현할 수 있어요.   [힌트]

📖 정답 If you want to grab some snacks, be my guest.

20 그 제안을 거절할게요.

I reject the offer.
보다는

I have to turn down the offer.

거절은 언제나 난처한 기분이 들게 하죠. 그래서 조심스레 말해야 하기도 하고요. "거절하다"라는 단어 reject를 사용해서 I reject the offer. "그 제안을 거절할게요."라고 말해도 의미는 충분히 전달할 수 있어요. 하지만 약간은 단호하고 공식적인 거부의 느낌을 줄 수 있기도 해요.

그러면 이런 상황에서 원어민들은 어떻게 말할까요?
비밀은!!
"아래로 돌려놓다"라는 의미의 turn down을 사용하면 돼요.

I turn down the offer.는 거절의 뉘앙스는 주지만 reject보다 조금 더 부드럽게 느껴져요.
그래서 일상적인 대화에서 좀 더 자연스럽게 거절의 뜻을 전달할 수 있는 표현이죠.
친구의 초대를 거절할 때 I have to turn down your invitation.이라고 말하면, 상대방의 기분을 조금 더 배려한 느낌을 줄 수 있어요.

상대방에게 부드럽게 거절할 수 있는 자연스러운 표현

· I have to turn down the offer.
  그 제안을 내려 놓아야만 해요. ➡ "그 제안을 거절해야 되겠어요."

Your performance so far has been impressive.
- 당신이 지금까지 보여준 성과가 정말 인상적이에요.

MP3

Thank you, I appreciate that.
- 정말 감사드립니다.

 What do you think about joining our team?
- 우리 팀에 합류하는 건 어때요?

I'm flattered, but I'm afraid I'll have to turn down your offer.
I'd like to stay where I am for now and gain more experience.
- 영광스러운 제안이지만, 죄송하게도 그 제안은 거절해야 할 것 같아요.
  지금은 현재 위치에서 더 많은 경험을 쌓고 싶습니다.

 I understand. That's unfortunate, but I wish you all the best.
- 이해해요. 아쉽지만, 행운을 빕니다.

In a message 키워드와 힌트를 활용해서 나의 메시지를 남겨 보세요.

(키워드)— **a blind date** ─ **think** ─ **hurt** ─ **feeling**

■ 나의 메시지

어제 소개팅을 거절했는데, 그의 기분을 상하게 한 것 같아.

hurt "상처 주다"는 과거형도 같은 형태예요. (힌트)

 정답 I turned down a blind date yesterday, and I think I hurt his feelings.

Give me more details.
보다는

Fill me in.

조금 더 상세한 정보가 필요할 때, 영어로 어떻게 말할 수 있을까요?
detail을 활용해서 Give me more details. "세부사항을 좀 더 알려줘."라고 해도 좋아요.
그런데 이 표현은 일상 생활보다는 비즈니스 환경에서 주로 사용되곤 해요.

그러면 일상에서 원어민들은 어떻게 말할까요?
비밀은!!
정보를 채워준다는 의미로 fill을 떠올리면 돼요.

친구나 동료처럼 격식 없는 사이에서 상황에 대한 더 자세한 내용을 알려달라는 의미를 전하고 싶다면 Fill me in.이라고 말해 보세요. 상황이나 사건에 대해 좀 더 알고 싶다는 의미로 편하게 쓸 수 있는 일상 표현이에요.

더 자세히 알려달라고 요청할 때 쓰는 자연스러운 표현

- Fill me in.
  내가 모르는 부분을 채워줘. ➡ "자세히 알려줘."

MP3

 Is there something going on between Any and Sam?

◐ 애니랑 샘 사이에 무슨 일 있었어?

Why do you think that?

◐ 왜 그렇게 생각해?

They haven't even looked at each other for the past few days.

◐ 며칠 전부터 둘이 서로 쳐다보지도 않더라고.

Actually, there was an incident.

◐ 사실은 사건이 있긴 했어.

 What happened? Fill me in on what you know.

◐ 무슨 일인데? 네가 아는 것을 자세히 말해줘 봐.

I think it's better to ask them directly.

◐ 아무래도 본인들에게 직접 물어보는 게 좋겠어.

In a message   키워드와 힌트를 활용해서 나의 메시지를 남겨 보세요.

키워드 ── after ─ on ─ all ─ crazy thing ─ miss

■ 나의 메시지

그 파티 후에, 내가 놓쳤던 모든 흥미로운 일들에 대해 자세히 알려줘!

내가 흥미로운 사건들을 놓쳤던 것은 과거예요.   힌트

📖 정답 After the party, fill me in on all the crazy things I missed!

22 그 계획은 미뤄졌어.

The plan was postponed.
보다는

The plan was put off.

모임이나 회의, 계획 등이 미루어졌을 때, 어떻게 말할 수 있을까요?
postpone "미루다, 연기하다"라는 단어를 사용해서 It was postponed. "그건 미뤄졌어."라고
말해도 좋아요.

그런데 생활 속에서 원어민들은 어떤 표현을 쓸까요?
비밀은!!
놓아둔다는 뜻의 put과 떨어져 있는 상태의 off를 함께 사용하면 돼요.

put off는 일정을 뒤로 미루거나 무언가에 흥미를 잃었을 때 자주 사용되는 표현이에요.
postpone이 조금 더 공식적인 느낌을 준다면, put off는 친구나 동료들 사이에서 더 자연스럽게
쓰이곤 해요.
단, 주의하세요. 이 문장의 주어가 "나의 계획"이라면, 연기한 것이 아니라 연기된 것이라는 점!
"be + 과거분사"의 수동태 표현으로 말해야겠죠?

약속이나 계획이 나중으로 미뤄졌을 때 쓰는 자연스러운 표현

· The plan was put off.
  그 계획은 멀리 떨어져서 놓였어. ➡ "그 계획은 미뤄졌어."

MP3

Did you finish your assignment?
◐ 너 과제 다 끝냈어?

I was going to, but I've been putting it off because I got caught up in a game.
◐ 그러려고 했는데, 게임에 빠져서 미뤘어.

I knew it! I was worried you might finish before me.
◐ 그럼 그렇지. 나보다 먼저 끝냈을까 봐 조마조마했어.

Are you done?
◐ 넌 벌써 다 했어?

Nope, I haven't even started!
◐ 아니, 난 아직 시작도 안 했지.

In a message   키워드와 힌트를 활용해서 나의 메시지를 남겨 보세요.

키워드 ─ do ─ work ─ until ─ last minute

■ 나의 메시지

난 항상 마지막 순간까지 할 일을 미루곤 해.

"내 일을 하는 것"을 의역하면 "할 일"이 돼요.   힌트

정답   I always put off doing my work until the last minute.

I don't understand what you're saying.
보다는

I'm not following you.

상대방의 이야기를 듣고는 있는데, 무슨 얘기를 하는지 이해가 안 갈 때,
뜻 그대로 옮겨서 I don't understand what you're saying. "네가 말하고 있는 것을 이해 못 하겠어."라고 하면 될까요?
그런데 이 표현은 상대방이 쓰는 단어나 내용 자체를 이해하지 못하는 상황에 더 알맞아요.

그러면 원어민들은 어떻게 말할까요?
비밀은!!
따라간다는 뜻의 follow를 사용하면 돼요.

I'm not following you.는 상대방의 말의 흐름이나 맥락을 이해 못 했을 때 편히 쓸 수 있는 표현이에요. 말은 이해했지만, 설명이 너무 복잡하거나 상황이 논리적으로 이해가 가지 않을 때 생활 속에서 정말 많이 쓰인답니다.

이해가 어려워서 자세한 설명을 원할 때 쓸 수 있는 자연스러운 표현

· I'm not following you.
  나는 널 따라가고 있지 않아. ➡ "네 말을 이해 못 하겠어."

MP3

Can you tell me how to send a DM on Instagram?
- ◐ 인스타그램에서 DM 보내는 방법 좀 알려줄래?

You just click the paper airplane icon and select the person you want to message.
- ◐ 종이비행기 아이콘을 클릭해서 메시지를 보내고 싶은 사람을 선택하면 돼.

I'm not following you. You know I'm not good with technology.
- ◐ 무슨 소리인지 모르겠어. 나 기계치인 거 알잖아.

But why are you suddenly interested?
- ◐ 그런데 갑자기 왜 궁금한 건데?

There's someone I want to reach out to.
- ◐ 연락하고 싶은 사람이 있거든.

In a message 키워드와 힌트를 활용해서 나의 메시지를 남겨 보세요.

키워드 ── **seem like** ── **during**

■ 나의 메시지

수업 중에 학생들이 내 말을 이해하지 못하는 것 같아.

가주어 it이 필요해요. 힌트

정답 It seems like the students are not following me during the class.

24 그걸 놓쳤네.

I forgot it.
보다는

I overlooked it.

공지를 확인하면서 중요한 정보를 놓쳤을 때, 그 사실을 기억하지 못했다는 의미로
I forgot it. "그것을 잊었어."라고 말할 수도 있어요.

그런데 원어민들은 어떻게 말할까요?
비밀은!!
넘어선다는 over와 본다는 뜻의 look을 합친 단어인 overlook "간과하다"를 사용하면 돼요.

I overlooked it.은 의도치 않게 무언가를 놓쳤거나 잘못 인식한 경우에 사용하는 표현이에요.
두 문장이 비슷한 의미로 쓰일 것 같지만, 친구와의 약속을 잡은 상황에서 비교해 볼게요.
I forgot it.은 약속 시간 자체를 잊어버린 경우에 사용돼요. 아예 기억에서 사라졌음을 보여주는
말이죠. 반면에 I overlooked it.은 친구가 언급한 시간은 들었지만, 신경 쓰지 않아서 부주의하게
놓치게 되었음을 조금 더 강조하는 뉘앙스의 표현이에요.

신경쓰지 않다가 중요한 정보를 놓쳤을 때 사용하는 자연스러운 표현

· I overlooked it.
  그것을 간과했어. ➡ "그걸 놓쳤네"

In a chat 대화 속에서 이 표현의 뉘앙스를 느껴보세요.

Hey, did you sign up for classes yet?
- 수강신청 다 했어?

Oh no! I haven't done it yet.
- 어머나! 아직 못했어.

I told you that the deadline is today.
- 오늘까지 접수 마감이라고 내가 말해줬잖아.

I know. I completely overlooked it. I thought I had more time...
- 맞아. 완전히 놓치고 있었어. 더 여유가 있을 줄 알았는데...

 No worries, you still have a little bit of time. Just do it now.
- 걱정 마. 아직 시간이 조금 남았어. 지금 해 버려.

Thanks for the heads-up!
- 알려줘서 고마워!

In a message 키워드와 힌트를 활용해서 나의 메시지를 남겨 보세요.

키워드 — completely — will — be + p.p. — release

■ 나의 메시지

오늘 새로운 게임이 출시될 거라는 걸 완전히 놓쳤어.

문장과 문장을 연결하는 접속사 that을 사용해 보세요. 힌트

 정답 I completely overlooked that a new game will be released today.

01 **Beginner vs. Native Speaker** 57

25 날 지지해줘.

I need your support.
보다는

Back me up.

중요한 발표를 앞둔 떨리는 상황에서 내 편이 필요할 때, I need your support.
"너의 지원이 필요해."라고 표현할 수도 있어요.

그런데 원어민들은 어떻게 말할까요?
비밀은!!
자주 들어 본 영어식 표현인 back up "백 업"을 생각하면 쉬워요.

Back me up.은 특히 토론이나 논쟁이 있는 상황에서, 자신의 의견과 행동을 지지해 달라고 요청할
때 사용되는 표현이에요. I need your support.는 정서적이거나 물질적인 도움을 포함하는 의미
라면, 특정 상황에서의 내 입장을 변호해 달라고 말할 때는 Back me up.이라고 하면 돼요.
혹은 위험한 상황에서 신체적으로 뒤를 봐달라는 의미로도 쓸 수 있어요.

의견이나 입장을 지지해 달라고 요구할 때 쓰는 자연스러운 표현

· Back me up.
  나를 뒤에서 받쳐줘. ➡ "날 지지해 줘."

MP3

 I'm thinking about telling Jake that I can't go to his birthday party.

○ 제이크에게 생일 파티에 갈 수 없다고 말할까 생각 중이야.

Are you sure? He really wants you to come.

○ 확실해? 그는 네가 오길 정말 원하던데.

 I just don't feel like it. I'm not in the mood to meet anyone.

○ 그냥 가고 싶지 않아. 누군가를 만날 기분이 아니거든.

Yeah, your feelings are what matter.

○ 그래, 네 감정이 중요한 거지.

 If he gets upset, can you back me up?

○ 만약 그가 화가 나면, 내 편을 들어줄 수 있어?

Of course! I'll help explain your side.

○ 당연하지! 내가 네 입장을 설명해 줄게.

In a message   키워드와 힌트를 활용해서 나의 메시지를 남겨 보세요.

키워드 ── really ─ be + p.p. ─ hurt ─ that

■ 나의 메시지

내 남편이 자기 엄마를 지지했던 게 너무 섭섭해.

목적격 대명사가 아닌 일반 명사는 back과 up 사이에 놓이지 않아요.   힌트

📖 정답   I'm really hurt that my husband backed up his mom.

26

그녀가 세상을 떠났어.

She died.
보다는

She passed away.

누군가의 죽음을 전할 때, She died. "그 분이 돌아가셨어."라고 쉽게 말할 수 있어요.

그런데 원어민들은 어떻게 말할까요?
비밀은!!
"지나간다"는 뜻의 pass와 "멀리"라는 뜻의 away를 함께 쓰면 돼요.

She passed away.는 누군가의 죽음을 좀 더 부드럽고 존중하는 방식으로 표현할 때 사용해요.
die는 너무 직설적이거나 의학적인 정보 전달 같은 느낌을 줄 수 있거든요. 반면에 passed away
는 슬픈 상황이라는 감정을 담아서, 부고를 전하거나 장례식에서 애도할 때 많이 사용되는 표현이죠.
가족과 같았던 동물과의 슬픈 이별의 상황에도 쓸 수 있어요.

누군가의 죽음을 전할 때 애도의 마음을 담는 자연스러운 표현

· She passed away.
  그녀가 멀리 지나갔어. ➡ "그녀가 세상을 떠났어."

MP3

I just found out that Max passed away.
◎ 방금 맥스가 세상을 떠났다는 걸 알게 되었어.

That's so sad! How did it happen?
◎ 정말 슬프다! 어떻게 된 거야?

He was very old and had been sick for a while.
◎ 나이가 많았고 한동안 아팠었거든.

I remember how much you loved him.
◎ 네가 그 개를 얼마나 예뻐했는지 기억하는데.

Yeah, he brought so much joy to our lives.
◎ 응, 그 애는 우리 삶에 정말 많은 기쁨을 줬어.

I'm sure he's in a better place.
◎ 맥스는 더 좋은 곳으로 갔을 거야.

In a message   키워드와 힌트를 활용해서 나의 메시지를 남겨 보세요.

[키워드]─── **notice** ─ **after** ─ **battle with illness**

■ 나의 메시지

부고 : 긴 투병 끝에 교수님께서 돌아가셨습니다.

부고를 영어로 쉽게 표현하면 "사망 소식"이에요.   [힌트]

🔊 정답 Death notice : After a long battle with illness, the professor passed away.

27

그는 결국 나타나지 않았어.

He didn't come.
보다는

He didn't show up.

생일 파티에 초대한 친구가 끝까지 오지 않았을 때, He didn't come to the party.
"그는 파티에 오지 않았어."라고 쉽게 문장을 만들 수 있어요.

그런데 원어민들은 어떻게 말할까요?
비밀은!!
보여준다는 의미의 **show**와 출석과 존재감을 강조하는 **up**을 함께 사용하면 돼요.

He didn't show up.은 조금 더 감정적인 뉘앙스를 보여주는 말이에요.
단순하게 오지 않은 것뿐만 아니라 결국은 나의 기대를 저버렸다는 실망감까지 함께 보여줄 수 있는
말이죠. 약속된 장소나 행사에 누군가가 없었다는 상황에 대한 아쉬움을 담아 일상생활에서 정말
많이 사용해요.

기다리던 누군가가 결국 오지 않았을 때 쓸 수 있는 자연스러운 표현

· He didn't show up.
   그는 드러나지 않았어. ➡ "그는 결국 나타나지 않았어."

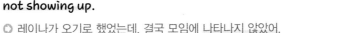

MP3

 Reyna was supposed to come to the gathering, but she ended up not showing up.

◐ 레이나가 오기로 했었는데, 결국 모임에 나타나지 않았어.

I had a feeling that would happen...

◐ 그럴 것 같더라니...

She didn't even answer her phone.

◐ 심지어는 전화도 받지 않더라고.

That was inconsiderate of her.

◐ 그건 정말 배려가 없는 행동이네.

Well, let's focus on the people here and have a good time!

◐ 어쨌든, 여기 있는 사람들한테 집중하고 좋은 시간 보내자!

Absolutely, let's make the most of it.

◐ 좋아! 최대한 즐기자.

In a message 키워드와 힌트를 활용해서 나의 메시지를 남겨 보세요.

[키워드]── to ─ meeting ─ so ─ handle ─ by myself

■ 나의 메시지

제임스가 회의에 나타나지 않아서, 나 혼자 전부 다 했어.

"그것을" "모두"라는 단어를 추가로 활용해 보세요. [힌트]

📖 정답 James didn't show up to the meeting, so I handled it all by myself.

28 ▸ 더 이상은 못 참겠어.

I can't tolerate you.
보다는

I can't put up with you.

인내심을 시험하는 참기 힘든 상황에서 상대방에게 경고하고 싶을 때, "참다"라는 뜻의 **tolerate**를 사용해서 I can't tolerate you. "너를 참을 수가 없어."라고 말할 수도 있어요.

그런데 원어민들은 어떻게 말할까요?
비밀은!!
내 감정을 위에 놓겠다는 의미로 **put**과 **up**을 함께 사용하면 돼요.

I can't put up with you.는 작은 갈등이나 불만을 드러낼 때 자주 사용되는 표현이에요.
put up은 "설치하다, 위에 놓다"라는 뜻도 있지만, "견디다"라는 의미를 갖고 있는 숙어에요.
상대적으로 **tolerate**가 조금 더 무겁고 강한 뉘앙스를 갖고 있다면, I can't put up with you.는
일상생활에서 흔히 생기는 갈등 상황에서 일시적으로 감정이 상했음을 표현하기에 적당한 말이에요.

상대방이 만든 상황에 대해 불만을 표현할 때 쓰는 자연스러운 표현

· I can't put up with you.
  너와의 상황에서 난 견딜 수가 없어. ➡ "더 이상은 못 참겠어."

64

The music is way too loud. I can't put up with it anymore.

○ 음악 소리가 너무 크잖아. 더 이상은 못 참겠어.

MP3

I didn't realize it was that loud.

○ 소리가 그렇게 큰 지 몰랐어.

It's not just today. You never think about the people around you.

○ 오늘 만의 일이 아니야. 넌 절대 주변 사람을 배려하지 않잖아.

I'll turn it down. It's not that big of a deal.

○ 소리를 줄일게. 그렇게 화낼 일은 아니잖아.

Well, that's your opinion.

○ 그건 네 생각이지.

In a message 키워드와 힌트를 활용해서 나의 메시지를 남겨 보세요.

키워드 —— **get away** - **with** - **lie**

■ 나의 메시지

항상 거짓말로 상황을 벗어나는 그 애를 못 참겠어.

"~하는 그녀"를 만들기 위해 "-ing"를 활용해 보세요. [힌트]

정답 I can't put up with her always getting away with lies.

29 그건 말이 안 돼.

It doesn't make sense.
보다는

It doesn't add up.

논리에 맞지 않는 정보나 말이 되지 않는 상황일 때, It doesn't make sense. "그건 말이 안 돼."
라고 표현해도 좋아요.

그런데 원어민들은 어떻게 말할까요?
비밀은!!
"더하다"라는 의미의 **add up**을 사용하면 돼요.

add up은 숫자를 더한다는 뜻과 함께 "사실이나 상황이 일관성 있다"라는 의미도 담고 있어요.
그래서 It doesn't add up.이라고 하면, "상황이 논리에 맞지 않거나 말이 안 된다"라는 의미로
사용할 수 있어요.
상대방의 말이 이해가 가지 않거나 내용이 모호할 때 It doesn't make sense.라고 한다면,
It doesn't add up.은 구체적인 정보나 사실이 논리적으로 들어맞지 않거나 일관성이 없어 잘못되
었을 때 더 많이 사용돼요.

누군가의 말이 논리적으로 맞지 않는다고 반박할 때 쓰는 자연스러운 표현

· It doesn't add up.
  그건 더해지지가 않아. ➡ "그건 말이 안 돼."

I got less pay this month than last month, even though I worked the same hours.

MP3

◐ 이번 달에 일한 시간은 지난달과 같은데, 급여가 적게 들어왔어.

That doesn't add up. Did you check your pay stub for any errors? And are you sure there weren't any days you missed?

◐ 그건 말이 안 돼. 급여 명세서에 오류가 있는지 확인해 봤어? 그리고 빠진 날이 없었는지 확인해 봤고?

 Oh! I missed two days this month because of my trip!

◐ 아! 이번 달에 여행 때문에 이틀 빠졌구나!

That would explain it. Make sure to keep track of your days off.

◐ 그러면 그렇지. 앞으로는 빠진 날들을 잘 기록해두는 게 좋겠어.

In a message 키워드와 힌트를 활용해서 나의 메시지를 남겨 보세요.

키워드 — say – busy – but – post – on

■ 나의 메시지

그녀는 바쁘다면서, 소셜 미디어에 글을 올리고 있어. 말이 안 돼.

"글을 올리고 있는 중"은 현재 진행 중인 행동이에요. 힌트

📖 정답 She says she's busy, but she's posting on social media. It doesn't add up.

30 ▶ 잘했어!

Well done!
보다는

Way to go!

누군가에게 칭찬이나 격려의 마음을 전할 때, Well done. "잘했어."라고 말해줘도 좋아요.

그런데 원어민들은 어떻게 말할까요?
비밀은!!
제대로 된 길로 가고 있다는 의미로 way와 go를 사용하면 돼요.

Well done.이 성과나 결과에 조금 더 집중한 차분한 느낌의 칭찬이라면, Way to go.는 편한 사이에서 상대방의 행동이나 결정을 응원할 뿐만 아니라, 그 사람의 노력과 태도까지 격려하는 느낌을 주는 말이에요.

누군가를 격려하고 칭찬할 때 쓰는 자연스러운 표현

· Way to go!
  그게 갈 길이야! ➡ "잘했어!"

68

I just got accepted for that internship I applied to!

◎ 내가 지원했던 인턴십에 합격했어!

No way! That's amazing!

◎ 진짜! 정말 잘 됐다!

I know, right? I was so nervous about the interview.

◎ 그렇지? 면접 때 진짜 떨렸어.

Way to go! All your prep paid off!

◎ 잘했어! 열심히 준비한 게 정말 효과를 봤네!

Thanks! Now I just need to figure out what to wear on my first day to work.

◎ 고마워! 이제 첫 출근 날에 뭘 입을지 고민해 봐야지.

Just be yourself! You'll do great!

◎ 그냥 너 자신을 보여줘! 잘할 거야!

In a message   키워드와 힌트를 활용해서 나의 메시지를 남겨 보세요.

키워드 — **have + p.p.** — **do** — **everything** — **can**

■ 나의 메시지

네가 할 수 있는 건 다 한 거야. 잘했어!

"네가 할 수 있었던 모든 것을 했어."라는 직역에서 시작해 보세요.   힌트

정답 You've done everything you could. Way to go!

02

Talk the talk

She's an important person.
대신에

She's the big cheese.

중요한 인물을 언급할 때, 우리는 an important person "중요한 사람"이라고 쉽게 떠올릴 수 있어요. 그런데 원어민들의 재미있는 표현 중에 a big cheese "큰 치즈"라는 말이 있어요.

옛날 인도에서 영국인들이 chiz "물건"이라는 단어를 처음 알게 된 후,
자신들만의 방식으로 활용하면서 "중요한 것"을 the real chiz라고 부르기 시작했어요.
이후 19세기 말 미국에서 치즈가 아주 중요한 상품으로 각광받으면서, 성공한 치즈 제조업자들처럼
중요한 인물이나 영향력 있는 사람을 a big cheese라고 부르게 되었죠.

중요한 인물이나 유명한 사람을 나타낼 때 쓰는 재미있는 표현

· She's the big cheese.
→ "그녀는 아주 중요한 인물이야."

Have you met Sarah?
◐ 사라를 만난 적 있어?

MP3

Yes, I was introduced to her yesterday. Why?
◐ 응, 어제 소개받았어. 왜?

She's the big cheese in her department.
◐ 그녀는 부서에서 아주 중요한 인물이거든.

Really? What does she do?
◐ 그래? 무슨 일을 하는데?

She's the head of marketing.
◐ 마케팅 책임자야.

Wow! That's impressive!
◐ 와, 대단한데!

In a message　키워드와 힌트를 활용해서 나의 메시지를 남겨 보세요.

[키워드] — **will** — **hang out** — **anymore**

■ 나의 메시지

그는 더 이상 우리와 어울리지 않을 거야. 이제는 중요 인사거든.

"~와 함께 어울리지 않을 것이다"라고 만들어 보세요.　[힌트]

정답 He won't hang out with us anymore. He's a big cheese now.

I think you're lying.
대신에

I smell a rat.

상대방의 말이 의심스러울 때, **You're lying.** "넌 거짓말을 하고 있어."라고 말할 수 있어요.
그런데 한국어에서도 "뭔가 냄새가 난다."라고 말하기도 하죠? 신기하게 영어에서도 냄새라는 단어를
사용해서 **smell a rat** "쥐 냄새가 나다"라고 표현해요.

이 표현은 16세기 영국에서 유래했는데, 당시에 사람들은 불길하고 해로운 쥐가 나타나면 무언가
안 좋은 일이 생길 거라고 여겼죠.
다만 시간이 흐르면서 재앙이나 불운까지는 아니지만 부정적인 비밀이나 속임수의 의미로 조금씩
바뀌게 되었어요.

상황이나 누군가를 의심할 때 쓰는 재미있는 표현

· I smell a rat.
→ "어딘가 수상해."

74

I smell a rat. My boyfriend has been acting weird lately.

◎ 뭔가 수상해. 내 남자친구가 요즘 이상하게 행동해.

MP3

Didn't you go on a trip together last week?

◎ 지난주에 함께 여행도 가지 않았어?

Yeah, but lately it feels like he's hiding something.

◎ 맞아, 근데 요즘 뭔가 숨기는 게 있는 것 같거든.

Why don't you just ask him directly instead of jumping to conclusions?

◎ 의심부터 하기보단 직접 물어보는 게 어때?

In a message 키워드와 힌트를 활용해서 나의 메시지를 남겨 보세요.

키워드 — when — change — topic — in the middle of

■ 나의 메시지

그녀가 대화 도중에 말을 돌렸을 때 뭔가 수상했어.

뭔가 수상했던 과거의 상황을 말하고 있어요. 힌트

 정답 I smelled a rat when she changed the topic in the middle of the conversation.

33 그녀는 나를 따라 해.

She does everything I do.
대신에

She's a copycat.

다른 사람이 행동을 흉내 내거나 가진 물건을 똑같이 따라서 사는 사람에게 She does everything I do. "그녀는 내가 하는 모든 것을 해."라고 직접적으로 말해도 좋아요.
그런데 원어민들이 정말 자주 쓰는 copycat "모방하는 고양이"라는 표현이 있어요.

이 말은 1960년대 어린이들 사이에서 서로의 행동을 따라 하는 놀이에서 처음 시작되었어요.
다른 동물이나 사람을 따라 하는 행동을 자주 하는 고양이라는 동물에 "복사하다"라는 의미가 함께 붙어 만들어진 표현이죠.
독창성이 부족하거나 남을 따라 하는 사람에게 주로 부정적인 의미로 사용하는 말이에요.

남의 행동이나 스타일을 똑같이 따라 하는 사람에게 하는 재미있는 표현

· She's a copycat.
  ➡ "그녀는 따라쟁이야."

In a chat 대화 속에서 이 표현의 뉘앙스를 느껴보세요.

You won't believe what happened today.
◐ 오늘 무슨 일이 있었는지 믿기지 않을 거야.

MP3

What's up?
◐ 무슨 일인데?

Reina showed up in the exact same outfit as me... again!
◐ 레이나가 또 나랑 똑같은 옷을 입고 온 거 있지!

Really? That's the third time this week.
◐ 정말? 이번 주에만 벌써 세 번째야.

I know, she's such a copycat.
◐ 그러게, 진짜 따라쟁이야.

In a message 키워드와 힌트를 활용해서 나의 메시지를 남겨 보세요.

키워드 ── Grace ─ such ─ think ─ it ─ just ─ by ─ see ─ from ─ behind

■ 나의 메시지

그레이스는 정말 따라쟁이더라. 그 애의 뒷모습만 보고 너라고 생각했어.

by는 "~을 통하여"라는 전치사 뒤에는 명사나 동명사가 필요해요.   힌트

정답 Grace is such a copycat. I thought it was you just by seeing her from behind.

그녀는 모든 사람과 잘 지내.

She likes spending time with everyone.
대신에

She's a social butterfly.

유독 사람들 사이에 있는 것을 좋아하는 이들이 있죠. 그런 사람들을 어떻게 표현해 볼 수 있을까요?
She likes spending time with everyone. "모든 이들과 시간을 보내는 것을 좋아한다."라고
직접적으로 말할 수도 있어요.
그런데 원어민들이 쓰는 말 중에 social butterfly "사회적인 나비"라는 표현이 있어요.

사교성이 뛰어나고, 여러 사람과 쉽게 어울리는 사람은 마치 이 꽃, 저 꽃을 옮겨 다니는 한 마리의
화려한 나비처럼 시선을 끌곤 하죠.
이렇게 다양한 사람들과 자연스럽게 교류하고 대화하는 능력을 가진 사람을 social butterfly라고
불러요.

사람들과 잘 어울리는 사람을 묘사할 때 쓰는 재미있는 표현

· She's a social butterfly.
  ➡ "그녀는 사교적인 사람이야."

I think my twin sister and I are completely different.

　◑ 내 쌍둥이 동생과 나는 정말 다른 것 같아.

MP3

In what way?

　◑ 어떤 점이 그런데?

I prefer being alone, but she's a social butterfly.

　◑ 난 혼자 있는 게 좋은데, 내 동생은 사람들과 어울리는 걸 좋아해.

Well, maybe you two are still so close because you're so different. Opposites can attract, after all.

　◑ 음, 그런 다름 때문에 더 친한 걸 수도 있어. 반대되는 면이 끌리기도 하잖아.

In a message　키워드와 힌트를 활용해서 나의 메시지를 남겨 보세요.

〔 키워드 〕— **such** — **and** — **it** — **feel** — **overwhelming**

■ 나의 메시지

　내 남자친구가 너무 사교적이라서 부담돼.

첫 번째 문장과 두 번째 문장의 주어가 달라요.　〔 힌트 〕

▮▮ 정답　My boyfriend is such a social butterfly, and it feels overwhelming.

35 우리는 정말 비슷해.

We're very similar.
대신에

We're like 2 peas in a pod.

누군가와 자신이 매우 비슷하다고 표현할 때, similar "비슷한"이라는 단어를 사용해서 We're very similar. "우리는 정말 비슷해."라고 말할 수 있죠.
하지만 원어민들이 자주 쓰는 2 peas in a pod "콩깍지 속 두 개의 콩"이라는 재미있는 표현이 있어요.

콩깍지 속에 나란히 있는 두 콩알처럼 아주 닮거나 비슷한 두 사람을 묘사할 때 사용해요.
외모뿐만 아니라 성격이나 관심사까지 비슷한 경우에도 쓰일 수 있어서 다양한 상황에서 자주 쓰이는 표현이 되었죠.

외모나 성향이 아주 비슷한 사람을 나타낼 때 쓰는 재미있는 표현

· We're like 2 peas in a pod.
➡ "우리는 정말 비슷해."

Have you ever seen Lily and her roommate together?

◉ 릴리와 룸메이트를 함께 본 적 있어?

MP3

Of course! They're like two peas in a pod. I even thought they were sisters at first.

◉ 당연하지. 처음엔 둘이 너무 비슷해서 자매인 줄 알았어.

Their tastes are similar too. They even dress alike.

◉ 취향도 비슷해. 옷 입는 것도 비슷하고.

Yes, I usually tell them apart by their height!

◉ 그래. 난 그 애들을 키로 구분해.

In a message   키워드와 힌트를 활용해서 나의 메시지를 남겨 보세요.

키워드 ── **same** - **taste** - **in**

▦ 나의 메시지

남편과 나는 음악과 영화 취향이 똑같아. 우리는 정말 비슷해.

"같은 취향을 갖고 있다"라고 표현하면 돼요.   힌트

📖 정답 My husband and I have the same tastes in music and movies. We're like 2 peas in a pod.

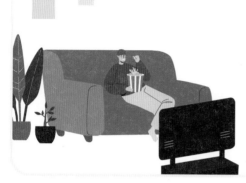

He's lazy and watches TV a lot.
대신에

He's a couch potato.

가만히 소파에 누워서 TV만 보는 게으른 사람을 표현하고 싶을 때,
우리가 알고 있는 단어를 사용해서 He's lazy and watches TV a lot.
"그는 게으르고 TV를 많이 봐."라고 말할 수 있어요.
그런데 원어민들이 쓰는 couch potato "소파의 감자"라는 재미있는 표현이 있어요.

1970년대 미국에서 처음 사용된 이 표현은 미국의 만화가인 로버트 암스트롱에 의해서 유명해졌죠.
소파 위에 움직임 없이 놓여 있는 감자에 비유한 말인데, 소파 위에서 감자칩만 먹으며 시간을 보내는
사람을 표현하는 말이 되었어요.
TV와 비디오 게임의 인기가 점점 높아지면서 게으른 라이프스타일을 지적하는 말로 자주 사용되었
어요.

가만히 앉아만 있거나 활동하지 않는 사람에게 쓰는 재미있는 표현

· He's a couch potato.
→ "그는 TV만 보는 게으른 사람이야."

Why isn't Rachel coming to the party?
◯ 왜 레이첼은 파티에 안온데?

MP3

She said she'd rather stay home and watch TV.
◯ 집에서 TV 보는 게 더 좋다고 하더라고.

Sounds like she's turned into a real couch potato!
◯ 요즘 정말 집순이가 됐네!

Maybe we should visit her instead sometime. It might cheer her up a bit.
◯ 우리 대신 레이첼을 한 번 찾아가는 게 어때? 기분이 좀 나아질지도 몰라.

In a message 키워드와 힌트를 활용해서 나의 메시지를 남겨 보세요.

(키워드)— have + p.p. — become — always — at — on

■ 나의 메시지

우리 아들은 핸드폰 하면서 집에만 박혀 있어.

"집에"와 "그의 핸드폰에서"로 전치사를 활용해 보세요. (힌트)

🔳 정답 My son has become a couch potato, always at home on his phone.

You're very special to me.
대신에

You're the apple of my eye.

상대방이 소중하다고 전해주고 싶을 때. You're very special to me.
"넌 나에게 아주 특별해."라고 어렵지 않게 말할 수 있어요.
그런데 원어민들이 소중한 대상에게 자주 사용하는 the apple of one's eye "눈 속의 사과"라는
재미있는 표현이 있어요.

eye apple이 고대 사람들이 눈의 가장 소중한 부분인 동공을 의미하는 데서 시작되었어요.
사랑과 아름다움의 상징이라는 은유적인 의미와 함께 그만큼 소중하게 아끼는 대상에게 자주 쓰는
표현이 되었답니다. 내 눈에 넣어도 아프지 않을 만큼 귀하다는 의미로 이해하면 어떨까요?

특별한 애정을 가진 누군가를 지칭할 때 쓰는 재미있는 표현

· You are the apple of my eye.
　➡ "너는 나의 소중한 사람이야."

Did you see how Jack talks about his daughter?

◎ 잭이 딸에 대해 이야기하는 거 봤어?

Yup! She's the apple of his eye. No doubt about that.

◎ 맞아! 잭에겐 딸이 세상에서 가장 소중한 존재야. 의심할 여지가 없어.

I can tell. He's always so proud of her.

◎ 그렇게 느껴져. 항상 자랑스러워하는게 보여.

He says that she's the best thing that's ever happened to him.

◎ 딸이 잭의 인생에서 가장 큰 축복이라고 하더라고.

MP3

In a message　키워드와 힌트를 활용해서 나의 메시지를 남겨 보세요.

키워드 ── since ─ come into ─ have + p.p. ─ be

▦ 나의 메시지

네가 내 삶에 들어온 이후로, 너는 내게 가장 소중한 존재야.

네가 "들어왔었던" 과거가 시작점이에요.　힌트

정답　Since you came into my life, you've been the apple of my eye.

38 그녀가 모두에게 진실을 말해버렸어.

She told everyone the secret.
대신에

She spilled the beans.

tell everyone the secret "모두에게 비밀을 말하다"라는 말은 어렵지 않게 떠올릴 수 있을 거예요. 그런데 원어민들이 자주 사용하는 spill the beans "콩을 흘리다"라는 재미있는 표현이 있어요.

사실 이 표현의 확실한 시작점은 알려지지 않았어요.
고대 그리스에서 투표할 때 콩을 사용한 데서 나왔다는 설도 있고, spill과 beans가 "비밀"을 상징한 데서 유래했다는 설도 있어요.
20세기 초반부터 미국에서 대중적으로 퍼진 이 표현은 중요한 비밀을 지키지 못하고 쏟아버리는 것을 상상하면 잘 기억할 수 있을 거예요.

비밀을 누설하거나 털어놓는 것을 비유할 때 쓰는 재미있는 표현

· She spilled the beans.
➔ "그녀가 비밀을 말해버렸어."

I heard Laura and Ellen broke up last week.
○ 지난주에 로라와 엘런이 헤어졌대.

Really? They were like the beauty and the beast couple!
○ 진짜? 미녀와 야수 커플로 유명했었잖아.

 I don't want to spill the beans about the details.
○ 난 비밀을 폭로하고 싶진 않아.

Then you shouldn't have brought it up in the first place!
○ 그럼 애초에 말을 꺼내지 말았어야지!

In a message 키워드와 힌트를 활용해서 나의 메시지를 남겨 보세요.

키워드 ── **ever since** ─ **about** ─ **have + p.p.** ─ **lose**

■ 나의 메시지

아멜리아의 비밀을 폭로한 이후로 난 그 애를 잃었어.

lose의 과거분사는 lost예요. 힌트

정답 Ever since I spilled the beans about Amelia's secret, I've lost her.

39 ▶ 내가 잘못했다고 말해야 해.

I have to say I was wrong.
대신에

I have to eat humble pie.

자신의 잘못을 인정한다고 말할 때, I have to say I was wrong.
"내가 틀렸다고 말해야겠어."라고 할 수 있어요.
그런데 원어민들이 자주 쓰는 eat humble pie "겸손한 파이를 먹다"라는 재미있는 표현이 있어요.

17세기 영국에서는 umble pie가 사냥 후 남은 내장으로 만든 낮은 신분의 사람들이 먹는 음식을 의미했어요.
이후 humble pie가 되면서 이것을 먹는다고 하면 자존심을 내려놓고 겸손하게 자신의 잘못을 받아들인다는 의미로 발전하게 되었죠.

실수를 인정하고 사과해야 할 때 쓰는 재미있는 표현

· I have to eat humble pie.
➡ "내 잘못을 인정해야만 해."

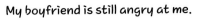

My boyfriend is still angry at me.
◐ 이번엔 남자 친구가 진짜 화가 난 것 같아.

 Haven't you two made up yet?
◐ 아직도 화해 안 한 거야?

I had to eat humble pie, but he says he needs more time.
◐ 내 자존심을 꺾고 사과했는데, 시간이 더 필요하대.

Quiet people are scarier when they're angry.
◐ 원래 조용한 사람이 화가 나면 더 무섭잖아.

In a message 키워드와 힌트를 활용해서 나의 메시지를 남겨 보세요.

키워드 ── **flaw** ─ **that** ─ **have never+ p.p.**

■ 나의 메시지

너의 가장 큰 단점은 잘못을 한 번도 인정한 적이 없다는 거야.

big을 활용해서 "가장 큰"이라는 최상급을 만들어 보세요. 힌트

 정답 Your biggest flaw is that you've never eaten humble pie.

40 ▶ 난 그녀가 마음에 들지는 않아.

I don't like her.
대신에

She's not my cup of tea.

누군가를 별로 좋아하지 않거나 마음에 들지 않는다고 표현할 때, I don't like her.
"난 그녀를 좋아하지 않아."라고 말할 수 있죠.
그런데 원어민들이 정말 많이 쓰는 cup of tea "차 한 잔"이라는 재미있는 표현이 있어요.

19세기 영국에서 차가 대중적인 음료로 자리 잡으면서, 자신의 취향이나 기호를 이야기할 때 차에
비유하곤 했어요. 이후 사람이나 사물이 자신의 취향이나 선호에 맞지 않는다는 은유적인 표현으로
자주 사용하게 되었죠.
반대로 She's my cup of tea.라고 긍정문으로 사용하면 마음에 든다는 호감의 표현이 돼요.

무언가 마음에 들지 않는다고 말할 때 쓰는 재미있는 표현

· She's not my cup of tea.
➡ "그녀는 내 취향이 아니야."

MP3

I really like the first wedding dress.

◎ 첫 번째 웨딩드레스가 정말 마음에 들어.

I think the last, most glamorous one looked great on you!

◎ 난 마지막의 화려한 드레스가 정말 잘 어울렸던 것 같아!

Sparkly things just aren't my cup of tea.

◎ 반짝이는 건 내 취향이 아니야.

You'll look amazing no matter what, so choose what you like!

◎ 넌 뭘 입어도 멋질 테니까 네가 마음에 드는 걸로 골라.

In a message 키워드와 힌트를 활용해서 나의 메시지를 남겨 보세요.

키워드 ─ prepare ─ in ─ laid-back ─ way

■ 나의 메시지

느긋하게 준비하는 것은 내 취향이 아니야.

직역은 "느긋한 방식에서 준비하는 것"이에요. 힌트

정답 Preparing in a laid-back way is not my cup of tea.

41 그 애는 모든 일에 울어.

She cries over everything.
대신에

She's a drama queen.

모든 일에 쉽게 우는 것은 cry over everything "모든 일에 대해 슬퍼하다"라고 말할 수 있어요. 그런데 원어민들은 drama queen "드라마 여왕"이라는 표현을 자주 써요.

drama queen은 극적인 역할을 하는 여배우를 뜻하는 말에서 생겨났는데, 사소한 일에도 과하게 반응하는 사람에게 사용하기 때문에 부정적인 의미로 전달될 수 있어요. 그래서 더욱 일상적인 대화에서 자주 쓰이는 말이기도 하죠.

작은 일에도 과장되게 반응하는 사람을 묘사하는 재미있는 표현

· You're a drama queen.
  ➡ "그 애는 지나치게 감정적이야."

MP3

 I've never heard Ellie speak in such a calm voice.

◉ 난 엘리가 저렇게 차분하게 얘기하는 걸 처음 들어봐.

I know, right? She's such a drama queen.

◉ 맞아. 무슨 일에든 과하게 반응하지.

It's honestly over the top.

◉ 솔직히 너무 과해.

But at least she gets things done, so there's that.

◉ 그래도 일은 잘하긴 하니까, 그건 인정해야지.

In a message 키워드와 힌트를 활용해서 나의 메시지를 남겨 보세요.

키워드 ─ **make** ─ **big deal** ─ **out of**

■ 나의 메시지

그녀는 별것 아닌 일을 크게 만들어. 정말 과하다니까.

"아무것도 아닌 것"에서 심각한 상황을 만든다고 표현해요. 힌트

📖 정답 She makes a big deal out of nothing. She's such a drama queen.

그건 실현되기 어려울 거야.

Your dreams will never come true.
대신에

You build castles in the air.

Dreams come true. "꿈은 이루어진다."라는 문장은 정말 많이 들어봤을 거예요. 반대로 말도 안 되는 목표를 가졌다면 Dreams will never come true.라고 말하면 되겠죠. 그런데 원어민들은 build castles in the air "허공에 성을 짓다"라는 재미있는 표현을 자주 사용해요.

이 표현은 17세기 이후 유럽 문학작품에서,
"허공에 지어진 성"을 아름다운 공상이나 상상일 뿐 현실감이 없는 것으로 표현하던 것에서 시작되었어요. 하늘에 성을 짓는 것만큼이나 비현실적인 것을 꿈꾸고 있는 모습에 비유한 거죠.

현실적인 기반이 없는 꿈이나 목표를 가진 사람에게 하는 재미있는 표현

· You build castles in the air.

➜ "넌 허황된 꿈을 꾸고 있어."

I'm thinking about quitting my job to open a luxury restaurant.

◎ 나 회사를 그만두고 럭셔리 레스토랑을 시작하려고 생각 중이야.

MP3

Do you have any experience in the restaurant business?

◎ 요식업 분야에 경험이 있어?

 Not much, but I believe I can figure it out.

◎ 사실 별로 없지만, 해낼 수 있을 것 같아.

That sounds like building castles in the air. Maybe start with something more practical.

◎ 그건 마치 허황된 꿈을 꾸는 것 같아. 좀 더 현실적인 것부터 시작해 봐.

In a message 키워드와 힌트를 활용해서 나의 메시지를 남겨 보세요.

키워드 — **realize** - **that** - **this** - **just**

■ 나의 메시지

이게 허황된 꿈이었다는 걸 이젠 인정하려 해.

"지금 깨닫는다"라고 문장을 시작해 보세요 힌트

정답 I realize now that this was just building castles in the air.

43 그 애는 정말 짜증 나.

She's super annoying.
대신에

She's a royal pain.

누군가가 짜증 나게 할 때, annoying "짜증스러운"이라는 단어에 강조의 말을 더해서 She's super annoying. "완전 짜증 나는 애야."라고 말할 수 말할 수 있어요.
그런데 원어민들은 royal pain "왕족의 고통"이라는 표현도 많이 사용해요.

royal pain은 아주 귀찮거나 성가신 존재에게 불만을 표현하는 재미있는 방식이에요.
royal에 담긴 의미 중 "상당히, 매우"라는 강조의 뉘앙스를 활용해서 일상 대화에 자주 언급하는 불만의 표현들 중 하나예요.

누군가가 정말 짜증스럽거나 성가실 때 쓰는 강한 표현

· She's a royal pain.

➡ "그 애는 정말 짜증 나."

I told you not to touch my stuff!

◎ 내 물건에 손대지 말라고 했지!

MP3

Well, the door was open, so I just went in to take a look.

◎ 그냥 문이 열려 있어서 구경하러 들어가 본 거야.

You're such a royal pain!

◎ 너 정말 짜증 나!

There's no need to get so mad. I'll be more careful next time.

◎ 그렇게 화낼 것까진 없잖아. 다음엔 더 조심할게.

In a message   키워드와 힌트를 활용해서 나의 메시지를 남겨 보세요.

키워드 — **because** — **keep + -ing** — **change**

■ 나의 메시지

그는 매번 말이 바뀌어서 정말 짜증 나.

"그의 말"은 "그의 이야기"라고 표현할 수 있어요.   힌트

정답   He's a royal pain because he keeps changing his story.

그녀는 항상 바빠.

She's always busy.
대신에

She's queen bee.

사람들 사이에서 중심 역할을 하느라 항상 바쁘게 돌아다니는 모습은 always busy "항상 바쁜"이라는 단어로 표현할 수 있어요. 그런데 원어민들이 자주 사용하는 queen bee "여왕 벌"이라는 재미있는 표현이 있어요.

queen bee는 벌집의 중심인 여왕벌처럼, 어떤 집단에서 중심이 되는 사람을 의미해요.
주로 조직이나 사회에서 주목받고 영향력이 있는 사람,
혹은 중요한 역할을 맡아서 항상 바쁘게 움직이고 있는 사람을 묘사하는 말이죠. 표현의 성격상 주로 여자를 일컫는 말로 사용되고, 남자에게는 주로 the boss라고 말해요.

항상 중심에서 바쁘게 역할을 하는 사람을 묘사하는 재미있는 표현

· She's queen bee.
→ "그녀는 중심에 있는 중요한 사람이야."

Are you bringing your wife to the gathering?

◉ 이번 모임에 아내와 함께 올 거야?

I don't think she can make it. She's queen bee at her company.

◉ 참석 못할 것 같아. 그녀는 회사에서 정말 중요한 인물이거든.

Wow, you must be proud!

◉ 와, 정말 자랑스럽겠다!

Yeah, but honestly, I just wish she had more time to relax.

◉ 그렇긴 하지만, 사실 아내가 쉴 수 있는 시간이 더 있었으면 하는 마음이야.

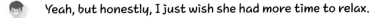

In a message 키워드와 힌트를 활용해서 나의 메시지를 남겨 보세요.

(키워드)─ **of** ─ **and** ─ **shine**

■ 나의 메시지

모든 일의 중심에 있는 그녀는 항상 빛이 나.

직역으로는 "모든 일"에서 중심 인물이라고 표현하면 돼요. (힌트)

정답 She's queen bee of everything, and she always shines.

45 그녀는 항상 주목을 빼앗아 가.

She always takes the attention.
대신에

She always steals my thunder.

누군가가 관심을 가로채거나 자신이 받을 주목을 빼앗을 때, take the attention
"주목을 가져가다"라고 말할 수 있어요.
그런데 원어민들이 자주 사용하는 steal one's thunder "천둥을 훔치다"라는 재미있는 표현이
있어요.

이 표현은 다른 사람의 아이디어나 성과를 빼앗아 간다는 의미인데,
18세기 극작가 존 데니스의 무대 효과를 다른 연극에서 무단으로 사용한 것에서 만들어진 말이라고
해요. 단순히 관심과 주목을 가져가는 것을 넘어서 그 결과물을 가로채기 때문에 steal "훔치다"라는
단어가 사용되었죠.

타인의 공로나 기회를 가로채는 상황에 대한 재미있는 표현

· She always steals my thunder.
➡ "그녀는 항상 내 공을 가로채."

I had been planning to announce my engagement at the reunion yesterday.

◎ 어제 동창회에서 결혼 발표를 하려고 했어.

MP3

 Oh? But it sounds like Kaylee stole your thunder.

◎ 그래? 케일리가 관심을 모두 가로챘구나.

Exactly! I didn't even have a chance to say a word.

◎ 맞아! 말 한마디 할 기회도 없었어.

 That's too bad. Maybe you'll get another chance soon.

◎ 아쉽네. 다음에 다시 기회가 있을 거야.

In a message   키워드와 힌트를 활용해서 나의 메시지를 남겨 보세요.

키워드 ─ most ─ of ─ prep ─ for ─ but

■ 나의 메시지

발표 준비는 내가 거의 다 했는데, 제임스가 공을 모두 가로챘어.

steal의 과거형은 stole이에요.   힌트

정답 I did most of the prep for the presentation, but James stole my thunder.

Don't run away.
대신에

Don't chicken out.

"도망치다"라는 의미의 run away는 많이 들어봤을 거예요.
여기에 하지 말라는 뜻을 담아 Don't run away. "도망가지 마."라고 말해도 좋아요.
그런데 원어민들은 Don't chicken out. "닭처럼 나가지 마."라는 표현을 자주 써요.

이 표현은 닭이 겁 많고 쉽게 놀란다는 특징 때문에 생겨났어요.
그래서 사람에게 chicken이라고 하면 "겁쟁이"라는 의미로도 사용되죠.
그래서 닭처럼 꼬리를 말고 도망간다는 의미에서 chicken out이 "겁을 먹고 포기하거나 두려워서
도망간다"라는 의미가 되었어요.

겁을 먹거나 두려움에 포기하지 말라고 할 때 쓰는 재미있는 표현

· Don't chicken out.
➡ "겁먹지 마."

I can't believe we signed up for the talent show.

◉ 우리가 장기 자랑에 등록했다니 믿기지 않아.

I know, I'm getting nervous about it.

◉ 그러게, 점점 긴장되는데.

Don't chicken out now! We've been practicing for weeks.

◉ 지금 와서 겁먹지 마! 우리 몇 주 동안 연습했잖아.

You're right. We can do this!

◉ 네 말이 맞아. 우린 할 수 있어!

In a message 키워드와 힌트를 활용해서 나의 메시지를 남겨 보세요.

[키워드]─ **be going to** ─ **ask out** ─ **but** ─ **at** ─ **last minute**

■ 나의 메시지

그는 그녀에게 데이트 신청을 하려 했지만, 마지막 순간에 겁을 먹고 포기했어.

하려고 했던 시점도, 겁을 먹은 시점도 과거예요. [힌트]

📖 정답 He was going to ask her out, but he chickened out at the last minute.

Everything has a positive side.
대신에

Every cloud has a silver lining.

긍정적인 부분을 positive side라고 말해도 좋아요. 그런데 원어민들이 자주 쓰는 Every cloud has a silver lining. "모든 구름은 은색 테두리가 있다"라는 은유적인 표현이 있어요.

17세기 영국의 시인 존 밀턴이 자신의 시에 구름의 가장자리가 태양빛에 비쳐 은색으로 빛나는 모습을 언급한 데서 시작되었어요. 이후 어려운 상황 속에서도 희망적인 요소는 있다는 격려와 위안의 메시지로 많은 사람들이 사용하게 되었죠.

어려운 상황에서도 희망을 잃지 말라는 의미를 전달하는 재미있는 표현

· Every cloud has a silver lining.
➡ "어떤 일이든 긍정적인 면이 있다."

This year has been the worst of my life.

◎ 올해는 내 인생 최악의 해야.

MP3

Yeah, you've had a lot of bad things happening lately.

◎ 너에게 요즘 안 좋은 일이 많이 일어나긴 했지.

I feel like I'm going to end up with depression.

◎ 이러다 우울증이 올 것만 같아.

Don't say that! Remember, every cloud has a silver lining.

◎ 그런 말 하지 마. 기억해둬. 모든 일에는 긍정적인 면이 있는 거야.

In a message 키워드와 힌트를 활용해서 나의 메시지를 남겨 보세요.

키워드 — be – heartbroken – from – breakup – but –

■ 나의 메시지

헤어져서 마음이 아프겠지만, 모든 일에는 긍정적인 면이 있잖아.

상대방인 "너"에게 해주는 말이에요. 힌트

📖 정답 You're heartbroken from the breakup, but every cloud has a silver lining.

약속을 다음으로 미루자.

Let's delay the appointment.
대신에

Let's take a raincheck.

계획이나 약속을 나중으로 연기하고 싶을 때, 흔히 알고 있는 delay "늦추다" 혹은 postpone "연기하다"라는 동사를 사용하면 돼요.
Let's delay the appointment. "약속을 좀 미루자."라고 말이죠. 그런데 원어민들이 자주 쓰는 raincheck "비의 확인"이라는 재미있는 표현이 있어요.

raincheck는 19세기 미국에서 야구 경기가 비로 취소되었을 때,
관중들이 다음 경기에 사용할 수 있는 체크(쿠폰)를 대신 받은 데서 유래했어요. 이후 스포츠를 넘어 일상에서도 자주 사용되면서 다음을 기약하며 일정을 미루자는 표현으로 자주 사용되고 있답니다.

약속이나 계획을 미룰 때 쓰는 재미있는 표현

· Let's take a raincheck.
➜ "다음으로 미루자."

Are we still on for dinner tonight?

◎ 오늘 저녁 약속은 그대로지?

I'm really sorry, but can we take a raincheck on that?

◎ 정말 미안한데, 다음으로 미뤄도 될까?

Why the sudden change?

◎ 갑자기 왜?

MP3

I just got an urgent work trip scheduled.

◎ 급한 출장이 잡혔거든.

In a message　키워드와 힌트를 활용해서 나의 메시지를 남겨 보세요.

키워드 — **will have to** — **on** — **because of** — **from** — **real estate agent**

■ 나의 메시지

부동산 방문 때문에 점심 약속을 다음으로 미뤄야겠어.

"점심"과 "방문"이라는 단어는 힌트 없이 도전해 볼 만하죠.　힌트

📖 정답　I'll have to take a rain check on our lunch because of a visit from the real estate agent.

49 무슨 일로 짜증이 났어?

What's annoying you?
대신에

What's eating you?

왜 짜증이 났는지 상대방에게 물을 때, annoy라는 단어를 쓸 수 있어요.
그런데 의미가 "짜증이 나다"가 아니라 "짜증나게 하다"이기 때문에 What's annoying you?
"뭐가 널 짜증나게 하는거야?"라고 물어야 해요.
그런데 원어민들이 자주 쓰는 What's eating you? "뭐가 널 잡아먹고 있어?"라는 재미있는 표현이
있어요.

해석에서 상황을 연상하는 것이 어렵지 않을 거예요.
무슨 괴로움이 너를 갉아먹고 있는 중이냐는 의미로 빠르게 이해할 수 있죠.
비단 짜증이 나는 상황뿐 아니라 고민이 있어 보이거나 슬퍼하는 누군가에게도 사용할 수 있는 정말
유용한 표현이에요.

속상하거나 화가 난 사람에게 이유를 물을 때 쓰는 재미있는 표현

· What's eating you?
➡ "무슨 고민이 있어?"

You've been really quiet today. What's eating you?

> 오늘 계속 조용하네. 무슨 고민이 있어?

I've just got a lot on my mind lately.

> 요즘 생각이 많아서 그래.

MP3

I don't know what's going on, but time heals all wounds.

> 무슨 일인지 모르겠지만, 시간이 약이야.

I know. Time will take care of everything.

> 알아. 시간이 모든 걸 해결해 줄거야.

In a message 키워드와 힌트를 활용해서 나의 메시지를 남겨 보세요.

키워드 — **have been + -ing** — **act** — **strange** — **lately** — **wonder**

■ 나의 메시지

그녀가 최근에 이상하게 행동해. 무슨 일로 고민하는지 궁금해.

"~하는지 궁금하다"는 간접의문문 형태예요. 힌트

정답 She's been acting strange lately. I wonder what's eating her.

50 나에게 강제로 시키지 마.

Don't force me to do it.
대신에

Don't twist my arm.

원치 않는 것을 억지로 시킬 때, force "강요하다"라는 단어를 사용해서 Don't force me to do it. "그것을 하도록 나에게 강요하지 마."라고 말할 수 있어요.
그런데 원어민들이 자주 사용하는 twist one's arm "팔을 비틀다"라는 표현이 있어요.

물리적으로 팔을 비틀어서 억지로 자리에 앉히려는 상황을 상상하면, 이 표현이 생겨난 배경을 쉽게 이해할 수 있을 거예요. 일상에서 설득이나 강요, 압박을 가하는 다양한 상황에 널리 사용된답니다.

억지로 하게 만들지 말라는 의미를 전달할 때 쓰는 재미있는 표현

· Don't twist my arm.
➡ "나에게 강요하지 마."

Why do I have to work so hard?

◎ 내가 왜 이렇게까지 열심히 해야 해?

MP3

No one is twisting your arm.

◎ 아무도 너에게 강요하지 않아.

But I feel uneasy if I don't give it my all.

◎ 그렇지만 대충 하고 나면 찝찝하단 말이야.

What can you do? That's just your perfectionist nature.

◎ 네 완벽주의 성격 때문인 걸 어쩌겠어.

In a message 키워드와 힌트를 활용해서 나의 메시지를 남겨 보세요.

[키워드]—[grateful]—[that]—[to]—[go]—[college]

■ 나의 메시지

엄마가 억지로 대학에 가게 해주셔서 지금은 너무 감사해.

grateful(감사하는)은 형용사이므로, be동사와 함께 사용하면 돼요. [힌트]

📖 정답 I'm really grateful that my mom twisted my arm to go to college.

51 아주 드물게

Very rarely
대신에

Once in a blue moon

어떤 일이 거의 일어나지 않는다는 의미를 전달할 때, rarely "드물게"라는 단어를 very로 강조해서 사용할 수 있어요.
그런데 원어민들이 자주 사용하는 once in a blue moon "푸른 달에 한 번"이라는 은유적인 표현이 있어요.

blue moon은 한 달에 두 번 보름달이 뜨는 현상인데, 그만큼 드물게 일어나는 일이라는 표현으로 사용되기 시작했어요.
19세기 중반부터 시와 다양한 글에 등장하면서 지금까지도 특별한 순간을 강조하는 표현으로 일상 대화에서도 자주 쓰이고 있죠.

극히 드물게 일어나는 특별한 상황을 말하는 재미있는 표현

- Once in a blue moon
  → "아주 가끔."

MP3

Is this restaurant really that famous?

◎ 이 식당이 그렇게 유명해?

Yeah, the chef became famous after appearing on TV.

◎ 맞아, 셰프가 TV에 출현하면서 유명해졌어.

So we might see that celebrity in person?

◎ 그럼 우리도 그 유명 인사를 직접 볼 수 있는 거야?

I doubt it. He actually cooks here only once in a blue moon.

◎ 아닐걸. 진짜 요리를 하는 건 아주 드문 일이래.

In a message   키워드와 힌트를 활용해서 나의 메시지를 남겨 보세요.

[키워드] ─ only ─ give ─ praise

■ 나의 메시지

내가 이렇게 극찬을 하는 건 정말 드문 일이야.

직역으로 "높은 칭찬을 주다"라고 말하면 돼요.   [힌트]

📖 정답 I only give high praise once in a blue moon.

It's your turn now.
대신에

The ball is in your court.

다음 행동을 할 차례가 상대방에게 있다고 말할 때, 우리는 turn이라는 단어를 사용해서 It's your turn now. "지금은 네 차례야."라고 말할 수 있죠.
그런데 원어민들이 자주 쓰는 The ball is in one's court. "공이 누군가의 코트에 있다."라는 표현이 있어요.

이 표현은 테니스와 같은 스포츠에서 처음 시작되었어요.
공이 상대방의 코트에 있을 땐 그 사람이 다음 행동을 취해야 하는 주체가 되죠.
상대방이 결정을 내리거나, 행동을 취해야 하는 중심이라는 의미로 일상에서도 자주 사용되고 있답니다.

결정이나 행동을 상대방에게 넘길 때 쓰는 재미있는 표현

· The ball is in your court.
→ "이제 네가 결정할 차례야."

This room is my space, so I want to choose the curtains.

　◎ 이 방은 내 공간이니까 커튼은 내가 정하고 싶어.

Sure, the ball is in your court.

　◎ 그래, 네가 결정해 봐.

 I'll go with thick blackout curtains for better sleep.

　◎ 푹 잘 수 있게 두꺼운 암막 커튼으로 할거야.

Then I guess we'll need to set the alarm louder.

　◎ 그럼 아침 알람을 더 크게 맞춰야겠네.

In a message 　키워드와 힌트를 활용해서 나의 메시지를 남겨 보세요.

[키워드]── **now that** ─ **everything** ─ **be + p.p.** ─ **do** ─ **judge**

■ **나의 메시지**

이제 모든 게 끝나고 심사단의 결정만 남은 상태야.

복수명사의 소유격은 +('s)에서 반복되는 (s)는 빼고 (')만 붙여요. 　[힌트]

　　　　　　　　📖 정답 Now that everything is done, the ball is in the judges' court.

53 ▶ 정확히 맞혔어.

That's exactly right.
대신에

Hit the nail on the head.

누군가가 상황에 딱 맞는 핵심을 찌르는 말을 했을 때, That's right. "맞아."와 exactly "정확하게" 를 함께 말하면 돼요.
그런데 원어민들이 쓰는 hit the nail on the head "못을 머리에 치다"라는 독특한 표현이 있어요.

못을 망치로 정확히 치는 것을 비유한 말인데,
정확한 못질만큼이나 핵심을 제대로 찔렀다는 의미로 보면 돼요.
어떤 문제나 상황의 요점을 정확히 짚어내거나 적절하게 파악했다고 말할 때 자주 사용하는 표현이 에요.

포인트를 제대로 짚었다고 말할 때 쓰는 재미있는 표현

· Hit the nail on the head.
➡ "핵심을 찔렀어."

Why do you think the group presentation received a B-?

◎ 왜 조 발표가 B-였다고 생각해?

MP3

I think it was because we didn't communicate well as a team.

◎ 팀으로서 소통이 잘 안 되었기 때문인 것 같아.

You've hit the nail on the head. Communication was lacking.

◎ 네 말이 정확해. 원활한 소통이 부족했어.

I think the first-place team did a good job of dividing the roles.

◎ 응, 1등 팀이 역할 분배를 잘 했던 것 같아.

In a message   키워드와 힌트를 활용해서 나의 메시지를 남겨 보세요.

키워드 ─ **spot** ─ **recommendation** ─ **for** ─ **taste**

■ 나의 메시지

너의 여행지 추천은 모두의 취향에 딱 맞았어.

"너의 여행 추천"이 문장의 주어예요.   힌트

📖 정답 Your travel recommendations hit the nail on the head for everyone's taste.

54 그런 말 하지 마.

Don't say that.
대신에

Bite your tongue.

상대방이 하는 말이 듣고 싶지 않을 때, Don't say that. "그것은 말하지 마."라고 할 수 있어요.
그런데 원어민들이 자주 사용하는 bite one's tongue "자신의 혀를 깨물다"라는 표현이 있어요.

내뱉고 싶은 말을 하지 말고, 말 그대로 혀를 깨물어서라도 참으라는 은유적인 표현이에요.
아예 말을 하지 않는 의미의 close one's mouth "입을 닫다"와는 다른 뉘앙스의 말이죠.
하지 말아야 할 말을 혀를 거쳐 내뱉지 말라는 뜻으로 이해하면 돼요.

부적절한 말을 하지 말라고 경고할 때 쓰는 재미있는 표현

· Bite your tongue.
 ➡ "그런 건 말하지 마."

MP3

 I'm thinking of speaking up about my complaints to the team leader.

  ◐ 팀장님에게 불만사항을 털어놓을까 봐.

Can he do anything about it?

  ◐ 그 사람이 해결해 줄 수 있는 일이야?

 Probably not. But it might feel good to get it off my chest.

  ◐ 아니겠지. 그런데 속은 시원할 것 같아서.

Just bite your tongue! You might regret it later.

  ◐ 아무 말도 하지 마! 나중에 후회할 수도 있어.

In a message   키워드와 힌트를 활용해서 나의 메시지를 남겨 보세요.

키워드 — almost — say — rude — but — just in time

■ 나의 메시지

거의 무례한 말을 거의 할 뻔했는데, 간신히 참았어.

bite의 과거형은 bit이에요.   힌트

정답   I almost said something rude, but I bit my tongue just in time.

55 일이 많아서 바빠.

I'm so busy.
대신에

I have a lot on my plate.

정말 바쁘다는 말은 I'm so busy. "난 정말 바빠."라고 쉽게 할 수 있어요.
그런데 원어민들이 자주 사용하는 I have a lot on my plate. "내 접시에 많은 것들을 갖고 있다."
라는 재미있는 표현이 있어요.

할 일이 너무 많아서 더는 불가능한 상황을 마치 접시에 음식이 가득 차 있어서 더는 담을 수 없는
상황처럼 비유한 표현이에요.
단순히 바쁜 것보다는 여러 가지 일이나 책임이 한꺼번에 쏟아질 때 부담스러움을 나타내는데 자주
사용되죠.

현재 할 일이 많다는 것을 강조할 때 쓰는 재미있는 표현

· I have a lot on my plate.
  ➡ "할 일이 너무 많아."

I'm planning to do a big clean-up this weekend. Are you free?

◎ 이번 주말에 대청소할 건데 시간 괜찮지?

Wow, Mom! I really have a lot on my plate right now!

◎ 와, 엄마! 나 할 일이 진짜 많단 말이에요!

You always have time for games, but not for cleaning?

◎ 게임할 때는 괜찮은데, 청소할 시간만 없니?

 This time it's serious. I have a group project due next Monday.

◎ 이번엔 진짜예요. 다음 주 월요일에 조별 과제가 있다고요.

In a message   키워드와 힌트를 활용해서 나의 메시지를 남겨 보세요.

키워드 — so — be + ing — almost — fly around

■ 나의 메시지

오늘 할 일이 너무 많아서 거의 날아다녔어.

"오늘"이라는 시간 부사를 적절히 사용해 보세요. 힌트

정답 I had a lot on my plate today, so I was almost flying around.

Make a little more effort.
대신에

Go the extra mile.

조금 더 힘 내보라고 격려할 때, make more effort
"더 많은 노력을 만들다"라고 말해줄 수 있어요.
그런데 원어민들은 go the extra mile "추가 마일을 가다"라는 표현을 자주 써요.

extra mile은 고대 로마에서 시민이 군인의 짐을 들어줄 의무가 있는 "1 마일의 거리"에서 시작되
었어요. 추가로 도움을 주려는 배려와 희생에 비유해서, 당연한 노력보다 조금 더 힘을 내서 한계를
넘어서라는 격려의 의미로 기억하면 돼요.

한 걸음 더 나아가 보라는 의미를 담은 재미있는 표현

• Go the extra mile.
  ➜ "조금 더 노력해 봐."

122

I'm planning a trip, so could you take care of my goldfish while I'm away?

MP3

◎ 여행을 계획하고 있는데, 내가 없는 동안 내 금붕어를 좀 돌봐줄 수 있겠어?

Sure! How long will you be gone?

◎ 그럼! 얼마나 있다가 올 거야?

I'll be back in a week. You just need to feed them every other day.

◎ 일주일이면 돌아와. 이틀에 한 번만 먹이를 주면 돼.

Got it! And I should change the water with the prepped water, right?

◎ 알겠어! 그리고 받아 놓은 물로 갈아주면 되지?

 Yes, exactly. Thanks for going the extra mile to help me out!

◎ 맞아. 신경 써서 도와줘서 고마워!

In a message 키워드와 힌트를 활용해서 나의 메시지를 남겨 보세요.

키워드 ── need to ─ stand out ─ among ─ applicants

■ 나의 메시지

오디션 지원자들 중에서 눈에 띄려면 더 많이 노력해야 해.

"~하기 위해서"는 "to 부정사"로 만들 수 있어요. 힌트

📖 정답 You need to go the extra mile to stand out among the audition applicants.

57 ▶ 잘 듣고 있어.

I'm listening.
대신에

I'm all ears.

상대방의 말을 주의 깊게 듣고 있다고 말할 때, I'm listening.
"지금 듣고 있어."라고 쉽게 말할 수 있어요.
그런데 원어민들이 쓰는 I'm all ears. "나는 귀가 다 열려 있어."라는 재미있는 표현이 있어요.

말 그대로 귀를 쫑긋 세우고 모든 주의를 기울여 듣고 있는 상황을 떠올리면 돼요.
I'm listening.이 듣고 있는 상황을 단순히 전한다면, I'm all ears.는 더욱 적극적으로 경청하겠
다는 뉘앙스를 담고 있어요. 친근한 사이에서 캐주얼한 대화에 자주 사용되는 표현이에요.

누군가의 말을 잘 듣고 있다는 것을 표현할 때 쓰는 재미있는 표현

· I'm all ears.
➡ "잘 듣고 있어."

MP3

 I made an important decision this time.

◉ 이번에 중요한 결정을 내렸어.

Go ahead, I'm all ears.

◉ 말해봐, 완전히 집중하고 있어.

I've decided to take that job offer we talked about.

◉ 우리가 이야기했던 그 일자리를 받아들이기로 했어.

That's going to be a big change! I'm so happy for you!

◉ 정말 큰 변화가 있겠구나! 너무 잘 됐어!

In a message 키워드와 힌트를 활용해서 나의 메시지를 남겨 보세요.

[키워드]─ **any** ─ **creative** ─ **suggestions**

■ 나의 메시지

톡톡 튀는 아이디어나 혹은 새로운 제안이 있으면, 귀 기울여 들을게요.

"만약 ~하다면"의 가정문을 만들어 보세요. [힌트]

[정답] If you have any creative ideas or new suggestions, I'm all ears.

Let's go on a trip!
대신에

Hit the road!

go on a trip은 여행을 떠나다는 의미로, 여행을 계획하고 떠나는 행동을 나타내는 표현이에요.
그런데 원어민들은 이런 상황에서 hit the road "길을 치다"라는 표현을 정말 많이 사용해요.
이는 주로 여행이나 어떤 여정의 시작점을 강조하는 의미로,
출발의 순간에 더 집중하는 즉각적인 행동감이 느껴지는 표현이에요.

go on a trip이 여행을 떠나는 것 자체를 언급하며 떠날 것에 대한 계획을 나타내는 말이라면,
hit the road는 친근한 사이에 자주 사용하는 즉시 떠날 것 같은 느낌의 에너지 넘치는 전달 방식이
에요.

여정을 시작하라는 의미를 강조할 때 쓰는 재미있는 표현

· Hit the road!
➡ "여행을 떠나 봐!"

This is my first time going on a backpacking trip abroad.

◎ 해외로 가는 배낭여행은 인생 처음이야.

That's what true travel is all about!

◎ 이게 바로 진정한 여행이지!

I wouldn't have even attempted it without you.

◎ 너 없이는 절대 시도도 못 했을 거야.

Then let's hit the road and discover what the world has to offer.

◎ 그럼 출발하자, 세상이 우리에게 보여줄 것들을 발견해 보자!

In a message 키워드와 힌트를 활용해서 나의 메시지를 남겨 보세요.

키워드 ── should ─ avoid ─ rush

■ 나의 메시지

우리는 아침 혼잡을 피하려면 일찍 출발해야 해.

"~하기 위해서"는 to 부정사로 만들 수 있어요. 힌트

 정답 We should hit the road early to avoid the morning rush.

Face the pain.
대신에

Bite the bullet.

어려운 상황이나 고통을 피하지 않고 맞서야 할 때,
face "마주 보다"라는 단어를 사용해서 face the pain "고통을 직면하다"라고 말할 수 있어요.
그런데 원어민들은 bite the bullet "총알을 물다"라는 재미있는 표현을 사용하곤 해요.

19세기 당시의 군인들이 마취 없이 수술을 받으면서 총알을 물고 고통을 견뎠던 것에서 유래한 말이
에요. 그만큼 어려운 상황이나 불편을 견디고 감수해야 하는 상황에 자주 쓰이곤 해요.

힘든 상황을 견뎌내라고 격려할 때 쓰는 강렬한 표현

· Bite the bullet.
➡ "고통을 견뎌내."

I'm really nervous about getting my wisdom teeth removed.
I've heard it can be really painful.

  ⊙ 사랑니를 뽑는 게 정말 무서워. 엄청 아플 수도 있다고 들었어.

MP3

I know, but you just have to bite the bullet and get it over with.
The sooner, the better.

  ⊙ 알아, 하지만 이를 악물고 빨리 끝내는 게 좋아. 미룰수록 더 힘들어질 거야.

You're right. The longer I put it off, the worse it'll get.
Ugh, I just wish I didn't have to do it at all.

  ⊙ 맞아, 미룰수록 더 나빠질 거야. 아휴, 그냥 안 뽑아도 되면 좋을 텐데.

I get it, but once it's done, you'll feel so much better.

  ⊙ 그 마음 이해해. 하지만 하고 나면 훨씬 속이 편할 거야.

In a message 키워드와 힌트를 활용해서 나의 메시지를 남겨 보세요.

> 키워드 ─ **be scared of** ─ **reality** ─ **that** ─ **have + p.p.** ─ **fail**

■ **나의 메시지**

사업이 부도났다는 현실이 두렵지만, 고통을 감수해야지.

_____

"~해야만 한다"라는 의무의 표현을 만들어 보세요. 힌트

 정답 I'm scared of the reality that the business has failed, but I have to bite the bullet.

흥을 깨지 마.

Don't ruin the excitement.
대신에

Don't be a wet blanket.

한창 즐거운 분위기를 망쳐버린 상황을 ruin the excitement "흥을 망치다"라고 말할 수 있어요.
그런데 원어민들이 자주 쓰는 be a wet blanket "젖은 담요가 되다"라는 표현이 있어요.

19세기 영국에서 시작된 이 표현은 젖은 담요가 불꽃을 꺼트리듯이,
활활 타오르는 즐거운 분위기를 망쳐버리는 사람을 일컫는 말이에요.
반대로 진지한 분위기를 망칠 정도로 과하게 가볍게 행동하거나, 혼자서만 반대로 행동하는 사람에게도
사용할 수 있답니다.

분위기를 유지하지 못하게 방해하는 사람에게 쓰는 재미있는 표현

· Don't be a wet blanket.
➜ "분위기 망치지 마."

MP3

I'm so excited for our trip this weekend!

◉ 이번 주말여행 정말 기대돼!

I heard it might rain the whole time.

◉ 비가 내내 올 수도 있대.

Oh, come on, don't be a wet blanket. We can still have fun!

◉ 아, 제발 흥을 깨지 마. 그래도 재미있게 놀 수 있을 거야!

You're right. Let's make the best of it.

◉ 네 말이 맞아. 최대한 즐기자.

In a message   키워드와 힌트를 활용해서 나의 메시지를 남겨 보세요.

키워드 — act — like — by — make — pointless — comment

■ 나의 메시지

그는 항상 의미 없는 지적을 하면서 분위기를 망치곤 해.

"것은 담요처럼 행동한다"라고 문장을 만들어 보세요.   힌트

📖 정답   He always acts like a wet blanket by making pointless comments.

03

Oops Moment

＊ 틀리기 쉬운 표현

(X) I cut my hair.

(O) I got a haircut.

"자르다"라는 뜻의 cut을 사용했는데, 왜 잘못된 표현일까요?

그 이유는?

cut은 자기가 직접 가위를 들고 머리를 자르는 상황에 사용될 수 있어요.

그래서 I cut my hair. "내 머리를 잘랐어."는 본인이 자신의 머리를 잘랐다는 뉘앙스로 들릴 수 있죠. 미용실에서 머리를 자르는 경우에는 어색한 표현일 수 있어요. 원어민들은 이럴 때 "haircut을 얻었다"라고 말해요.

Oops! 실수하지 마세요!

미용실에서 머리를 자르고 왔을 때 쓰는 올바른 표현

· I got a haircut.

➡ 나 머리 잘랐어.

MP3

Notice anything different about me?

◎ 나 뭐 달라진 것 없어?

Hmm... Did you put on some makeup? Or maybe new earrings?

◎ 글쎄... 화장했어? 아니면 새로운 귀걸이?

Nope. Take a closer look. You're really not seeing it?

◎ 아니야. 한번 더 잘 봐봐. 정말 모르겠어?

I feel like something's different... but I just can't put my finger on it.

◎ 뭔가 달라진 것 같기는 한데... 딱 집어 말하기가 어렵네.

Ugh, you're so clueless! I got a haircut!

◎ 아휴, 정말 눈치 없기는! 나 머리 잘랐잖아!

Oh! Now I see it! It looks amazing!

◎ 아, 이제 알겠다! 완전 잘 어울린다!

In a message 키워드와 힌트를 활용해서 나의 메시지를 남겨 보세요.

[키워드]─ **to** ─ **change up** ─ **thing**

▥ **나의 메시지**

기분 전환을 하고 싶어서 머리를 잘랐어.

_____

change up 사이에 things를 넣어 주세요. [힌트]

📖 정답 I got a haircut to change things up.

62 그녀가 채팅에서 나간 것 같아.

(X) She got out of the chat.

(O) I think we lost her.

"~에서 나가다"라는 뜻의 get out of를 사용했는데, 왜 잘못된 표현일까요?
영화에서 Get out of here! "여기에서 나가!"라고 많이 들어봤는데 말이죠.

그 이유는?
get out of는 보통 물리적인 공간을 떠나는 경우에 사용돼요. 그래서 대화나 채팅에서는 어색하게
들릴 수 있어요.
원어민들은 이럴 때 "잃어버리다, 놓치다"라는 뜻의 lost를 사용해요.
상대방이 떠난 것이 아닌 "우리가 그녀를 놓쳤다"라고 표현하는 것이 우리말과는 조금 다른 관점이라
더욱 재미있죠.

Oops! 실수하지 마세요!

상대방의 연락이 끊겼거나, 대화창에서 응답이 없을 때 쓰는 올바른 표현

· I think we lost her.
→ 그녀가 채팅에서 나간 것 같아.

In a chat 대화 속에서 이 표현의 뉘앙스를 느껴보세요.

MP3

 I think we lost her. She's not in the chat anymore.
- 그녀가 채팅에서 나간 것 같아. 이 채팅창에 더 이상 없어.

Really? When was the last time she sent a message?
- 정말? 마지막으로 메시지를 보낸 게 언제야?

 A few minutes ago. Should we try messaging her again?
- 몇 분 전에. 다시 연락해볼까?

Yeah, let's give it a shot. Hopefully, she replies soon.
- 그래, 한 번 해보자. 빨리 답장이 오면 좋겠다.

In a message 키워드와 힌트를 활용해서 나의 메시지를 남겨 보세요.

키워드 — think – tell – that – have – plan

■ 나의 메시지

샘이 대화에서 나간 것 같아. 그 애는 약속이 있다고 했었거든.

_____

당시에 약속이 있었던 시점은 과거예요. 힌트

정답 I think we lost Sam. He told me that he had a plan.

63 ▶ 그는 운전을 잘해.

(X) He's good in driving.

(O) He's good at driving.

운전 부분"에서" 꽤 괜찮다라는 의미로 in을 사용했는데, 왜 잘못된 표현일까요?

그 이유는?

in은 특정 장소나 상황을 나타낼 때 주로 사용되기 때문에, 능력이 뛰어나다는 말을 할 때에는 어울리지 않아요. 이럴 때 원어민들은 전치사 at을 써요.

그래서 good at, excellent at, skilled at 등 다양한 형태로 확장해서 사용할 수 있어요.

동사까지 함께 묶어서 be good at을 아예 외워버려도 좋겠죠?

Oops! 실수하지 마세요!

어떤 분야나 기술적인 면에서 능숙하다고 할 때 쓰는 올바른 표현

· He's good at driving.
→ 그는 운전을 잘 해.

Emily just got her license, but she's already great at driving.

◉ 에밀리는 최근에 면허를 땄는데도, 운전을 정말 잘해.

MP3

Really? That's surprising! She's not exactly known for being athletic.

◉ 진짜? 의외인데! 운동신경이 뛰어난 편은 아니잖아.

 I guess driving and sports take different kinds of skills.

◉ 운전이랑 운동은 필요한 능력이 좀 다른가 봐.

Well, in that case, she can be our designated driver on our next trip!

◉ 그렇다면 다음 여행 갈 때는 에밀리가 운전 담당이네!

In a message 키워드와 힌트를 활용해서 나의 메시지를 남겨 보세요.

키워드 — **mean** - **get into** - **accident**

■ 나의 메시지

운전을 잘 한다는 건 사고를 내지 않는 운전을 말하는 거야.

_____

"~ 한다는 건"은 동명사를 활용하면 돼요.　힌트

📖 정답 Being good at driving means not getting into accidents.

네 소리가 안 들려. 마이크 좀 켜줄래?

(X) I can't hear you. Can you open your mic?

(O) You're on mute.
     Can you unmute yourself?

I can't hear you. "너를 들을 수가 없어."는 일상에서 많이 쓰이는 말이지만, 시끄러운 소음이나 기술적인 문제가 생겼을 때 주로 쓰는 표현이기 때문에 상황에 맞지 않아요.
그럼 "마이크를 켜다"라는 의미로 Open your mic.를 사용하면, 왜 잘못된 표현일까요?

그 이유는?
open은 마이크를 세팅하거나 활성화를 하라는 의미로 전달될 수 있을 것 같지만, 사실 어색하게 들린답니다. 원어민들은 이럴 때 mute "음소거를 하다"의 반대말인 unmute를 사용해요.
지금 상대방이 on mute "음소거 상태"이니까 스스로 해제해달라고 요청하는 거죠.

온라인이나 전화 통화에서 상대방의 소리가 들리지 않을 때 쓰는 올바른 표현

· You're on mute. Can you unmute yourself?
  ➔ 네 소리가 안 들려. 마이크 좀 켜줄래?

I was wondering what you thought about the presentation.

◯ 발표에 대해 어떻게 생각했는지 궁금했어.

MP3

Can you unmute everyone else too? I'd love to hear their thoughts.

◯ 다른 사람들도 마이크를 켜줄 수 있어? 다들 어떻게 생각하는지 듣고 싶어.

 Sure! Alright, everyone, feel free to unmute yourselves if you'd like to share.

◯ 물론이지! 자, 다들 의견 나누고 싶으면 자유롭게 마이크 켜도 돼.

I'm unmuted now! You totally crushed it!

◯ 이제 음소거를 풀었어! 너 완전 멋졌어!

In a message 키워드와 힌트를 활용해서 나의 메시지를 남겨 보세요.

키워드 ─ **talk** ─ **for** ─ **in** ─ **without** ─ **know** ─ **be muted**

▦ **나의 메시지**

줌 회의에서 음소거인지도 모르고 5분 동안 얘기했어.

_____

전치사 without 뒤에는 명사나 동명사가 필요해요. 힌트

정답 I talked for five minutes in the Zoom meeting without knowing I was muted.

(X) I don't want nothing.

(O) I don't want anything.

"아무것도"라는 뜻의 nothing을 사용했는데, 왜 잘못된 표현일까요?

그 이유는?

nothing이 가진 부정의 뜻을 부정문인 don't와 함께 사용하면 영어에서는 오히려 긍정의 의미로 해석될 수 있기 때문이에요. I don't want nothing.은 이중 부정으로 해석되어서 어색한 의미가 되어버리는 거죠.

원어민들은 이럴 때 부정적인 의미의 "아무것도"라는 뜻의 anything을 사용해요.

원하는 것이 아무것도 없다고 말하고 싶을 때 쓰는 올바른 표현

· I don't want anything.
  ➡ 난 아무것도 원하지 않아.

MP3

 Is there anything you want for your birthday?
　◎ 생일 선물로 받고 싶은 것 있어?

Nah, I don't really want anything. But...
　◎ 아니야. 딱히 원하는 건 없어. 다만...

 But what? Come on, just be honest with me.
　◎ 다만, 뭐? 솔직하게 말해 봐.

Well... if you really want to get me something...
　◎ 음... 정말 선물을 주고 싶다면...

 Honestly, it'd be easier for me if you just told me what you want.
　◎ 뭘 사줄지 정해주는 게 오히려 더 편해.

Alright then... I'd love that chiffon dress we saw at the store last time.
　◎ 그럼... 지난번 가게에서 봤던 시폰 원피스면 좋겠어.

In a message　키워드와 힌트를 활용해서 나의 메시지를 남겨 보세요.

키워드 — say - can - really - empty-handed

■ 나의 메시지

제니가 아무것도 원하지 않는다고 했는데, 진짜 빈손으로 가도 될까?

_____

"~라고 했는데,"는 "~했다. 그러나"로 표현할 수 있어요.　힌트

📖 정답　Jennie said she doesn't want anything, but can I really go empty-handed?

66 나 너한테 화났어.

(X) I'm mad from you.

(O) I'm mad at you.

"~에게서"라는 뜻의 from을 사용했는데, 왜 잘못된 표현일까요?

그 이유는?

from은 원인이나 출처를 나타내긴 하지만, 감정의 대상을 표현할 때는 적절하지 않아요.
그래서 Mad from you.는 문법적으로 맞지 않는 말이에요. 이 경우에는 특정한 대상에게 감정을
나타내는 전치사 at을 사용하면 돼요.
원어민들은 이런 경우에 "~에게 화가 났다"라는 의미로 mad at을 자주 써요.

누군가에게 화가 났다는 것을 표현할 때 쓰는 올바른 표현

· I'm mad at you.
→ 나 너한테 화났어.

MP3

It's kind of scary when you're this quiet. **Are you mad at me?**

◐ 이렇게 조용하니까 좀 무섭잖아. 나한테 화난 거야?

Try looking at it from my perspective.

◐ 내 입장에서 한 번 생각해 봐.

Just tell me straight so I understand.

◐ 그냥 솔직하게 말해 줘. 내가 제대로 알아듣게.

I was counting on you, and then you canceled out of nowhere.

◐ 너만 믿고 있었는데, 갑자기 취소하면 어떡해.

I'm really sorry about that. I promise it won't happen again.

◐ 정말 미안해. 다시는 그런 일 없을 거야.

In a message   키워드와 힌트를 활용해서 나의 메시지를 남겨 보세요.

키워드 ─ **when ─ talk out of both sides of one's mouth**

▣ 나의 메시지

그 애가 한 입으로 두말했을 때 난 정말 화가 났어.

그가 말하고 있던 도중에 화가 났던 상황이에요. 힌트

📖 정답 I was mad at him when he was talking out of both sides of his mouth.

(X) I prefer chocolate than chips.

(O) I prefer chocolate to chips.

"~보다"라는 비교급으로 than을 사용했는데, 왜 잘못된 표현일까요?

그 이유는?

"선호하다"라는 뜻의 동사인 prefer는 두 가지를 비교할 때, 비교 대상의 앞에 than이 아닌 to를 써줘야 해요. 그래서 원어민들은 "~보다 더 좋아하다"라는 의미로 prefer to를 자주 사용하죠. 주의할 점! 더 좋아하는 것을 prefer 바로 뒤에 붙여주세요.

Oops! 실수하지 마세요!

둘 중 하나를 선택하며 호감을 표현할 때 쓰는 올바른 표현

· I prefer chocolate to chips.

➡ 난 초콜릿을 감자칩보다 더 좋아해.

MP3

Let's play the balance game. It's a game where you have to pick between two options, no matter what.

◉ 우리 밸런스 게임 하자. 둘 중 하나를 무조건 골라야 하는 게임이야.

Sounds fun! Alright, hit me with one.

◉ 재밌겠다! 좋아, 시작해 봐.

A bad guy or a total goofball?

◉ 나쁜 남자랑 바보 같은 남자, 누가 더 나아?

Honestly? I'd rather not choose at all, but I prefer a goofball to a bad guy.

◉ 솔직히? 그냥 안 고르고싶지만, 나쁜 남자보다 바보 같은 남자가 더 나아.

In a message   키워드와 힌트를 활용해서 나의 메시지를 남겨 보세요.

키워드 — attend – lecture – in person – watch

■ 나의 메시지

난 온라인으로 보는 강의보다 직접 참석하는 수업을 더 좋아해.

_____

"~하는 것"은 동명사로 만들 수 있어요.   힌트

정답 I prefer attending lectures in person to watching them online.

(X) Your voice is not clear.

(O) You're breaking up.

"명확하지 않다"라는 뜻의 **not clear**를 사용했는데, 왜 잘못된 표현일까요?

그 이유는?

Your voice is not clear.는 음성이나 발음이 불분명하거나, 배경 소음 때문에 듣기 힘들 때 사용하는 표현이에요. 그런데 통화 중에 신호나 기술적인 문제로 목소리가 끊겨서 들리는 상황에서는 어색하게 들릴 수 있죠.
이런 상황에서는 원어민들은 연인과 헤어질 때 쓰는 표현인 **break up**을 사용해요.

Oops! 실수하지 마세요!

상대방의 음성이 끊기거나 소리가 불안정할 때 쓰는 올바른 표현

· You're breaking up.
➜ 네 목소리가 끊겨서 들려.

MP3

 Are you even listening to me? Why aren't you answering?
◎ 내 말 듣고 있는 거야? 왜 대답이 없어?

You're breaking up. I can barely hear you.
◎ 네 목소리가 끊겨서 거의 안 들려.

 Are you sure you're not just trying to avoid this conversation?
◎ 설마 이 상황을 피하려고 그러는 거 아니지?

I swear, it's really the connection. I'll call you back when I get better reception.
◎ 진짜야, 신호가 안 좋아서 그래. 전화 잘 터지는 데 가서 다시 걸게.

In a message 키워드와 힌트를 활용해서 나의 메시지를 남겨 보세요.

[키워드]— say — voice — be + ing — and — just — hang up — on — me

■ 나의 메시지

어제 남자친구가 내 목소리가 끊겨서 들린다며 바로 전화를 끊어버렸어.

_____

"hang"의 과거시제 형태는 불규칙이에요. [힌트]

정답 My boyfriend said my voice was breaking up and just hung up on me.

69 내가 노크했어.

(X) I knocked the door.

(O) I knocked on the door.

해석 그대로 노크하는 동사와 문이라는 단어를 조합했는데, 왜 잘못된 표현일까요?

그 이유는?

"두드리다"라는 뜻의 knock은 한국어 풀이와는 조금 달리 활용돼요.

"문을"이 아니라 "문 위"나 "문 근처"에서 두드리는 동작을 설명하는 동사이기 때문이에요.

그래서 꼭 전치사가 필요한데, 주로 사용되는 것이 on이에요.

at도 쓰일 수 있지만, 문 표면을 두드리는 접촉의 느낌을 담아서 일상생활에서는 knock on을 훨씬 많이 사용한답니다.

Oops! 실수하지 마세요!

문을 두드리는 동작을 표현할 때 쓰는 올바른 표현

· I knocked on the door.
  ➡ 내가 노크했어.

MP3

 Oh! You scared me! You should always <u>knock on the door</u> before opening it!

◎ 앗! 깜짝이야! 문을 열기 전에 <u>노크를 해야지</u>!

I didn't think anyone was in there.

◎ 누군가 안에 있을 거라고는 생각도 못 했어.

Still, it's better to be careful. You never know — you might walk into an awkward situation.

◎ 그래도 조심하는 게 좋아. 자칫하면 민망한 상황이 될 수도 있다고.

Oh, come on! You're overreacting. It's not that serious!

◎ 에이, 설마! 그렇게까지 심각한 건 아니잖아!

In a message 키워드와 힌트를 활용해서 나의 메시지를 남겨 보세요.

키워드 — but — one — answer

■ 나의 메시지

교수님 방에 <u>노크했는데</u>, 대답이 없으시더라고.

직역하면 "아무도 대답하지 않았다"예요. [힌트]

📖 정답 I knocked on the professor's door, but no one answered.

03 Oops Moment 151

(X) Wait to me.

(O) Wait for me.

나에게 기다림을 주라는 의미에서 to를 사용했는데, 왜 잘못된 표현일까요?

그 이유는?

wait이라는 동사는 의미의 특성 상 그 대상이 존재하게 돼요. 이때 꼭 필요한 전치사는 바로 for예요. 대상이 사람이건 사물이건 상관없이, 무언가를 기다린다는 표현을 하고 싶을 때는 wait for를 기억 하세요. 버스를 기다리고 있을 때도 I'm waiting for the bus.라고 말하면 돼요.

Oops! 실수하지 마세요!

누군가에게 자신을 기다려달라고 할 때 쓰는 올바른 표현

· Wait for me.
   ➜ 기다려줘.

152

Why aren't you here yet? You're always late!

◎ 왜 아직도 도착을 안하는 거야? 넌 항상 늦잖아!

I'm really almost there. I swear, I'm right around the corner. Just hold on!

◎ 지금 진짜 거의 다 왔어. 바로 근처야. 진짜! 조금만 기다려!

Ugh, you never <u>wait for me</u> first! It's always me <u>waiting for you</u>.

◎ 휴, 넌 절대 나를 먼저 기다려 준 적이 없어! 맨날 내가 기다리잖아.

Hey, today's a special case. I have a legit reason. I'll explain everything when I get there.

◎ 야, 오늘은 특별한 사정이 있었어. 진짜 이유가 있다고. 만나서 도착하면 다 얘기해 줄게.

In a message
키워드와 힌트를 활용해서 나의 메시지를 남겨 보세요.

키워드 ── **have + p.p.** ── **moment** **whole**

■ 나의 메시지

이 순간이 오기를 평생 기다려왔어.

"평생"은 "나의 모든 인생"이죠. [힌트]

📖 정답 I've waited for this moment my whole life.

난 요리를 잘해.

(X) I'm a great cooker.

(O) I'm a great cook.

"–er"은 "∼하는 사람"을 표현하는 접미사인데, cooker는 왜 잘못된 표현일까요?

그 이유는?

요리는 사실 cook이 아니라 cooking이라는 점을 기억해야 해요.

많은 사람들이 착각하는 영어 단어 중 하나예요. 자세히 말하자면, cooker는 사람이 아니라 음식을 조리하는 기구나 장치를 의미하기 때문에, I'm a great cooker.라고 하면 내가 조리 도구가 되는 이상한 말이 되어버리죠.

이럴 때 원어민들은 "요리하는 사람"이라는 단어로 cook을 쓴답니다.

Oops! 실수하지 마세요!

좋은 요리사라고 말할 때 쓰는 올바른 표현

· I'm a great cook.
➡ 난 요리를 잘해.

MP3

Are moms naturally good cooks from the start?

◎ 엄마들은 태어날 때부터 요리를 잘 하는걸까?

That's ridiculous! No one's born a master chef!

◎ 무슨 말도 안 되는 소리야! 누가 태어나면서부터 요리를 잘하겠어!

But it really seems like a talent they're born with. Everything
they make tastes amazing!

◎ 그래도 아무리 봐도 타고나는 재능 같아. 엄마들이 만든 건 다 맛있잖아!

Moms were probably just kids who didn't know how to do
anything when they were little. They had to learn, just like us.

◎ 엄마들도 어렸을 때는 우리처럼 아무것도 몰랐겠지. 다 배우면서 늘었을 거야.

In a message   키워드와 힌트를 활용해서 나의 메시지를 남겨 보세요.

키워드 ─ **big** ─ **surprise** ─ **that**

■ **나의 메시지**

그의 가장 큰 반전은 요리를 잘 한다는 거야.

최상급은 "-est"예요.   힌트

정답   His biggest surprise is that he's a great cook.

(X) I did good in the exam.

(O) I did well in the exam.

잘 했다고 칭찬할 때 Good!이라고 하는데, 왜 잘못된 표현일까요?

그 이유는?
good은 형용사이기 때문에 주어나 혹은 뒤에 있는 명사를 수식하죠.
정확히 표현하면, That's good.이나 Good job!의 생략된 표현이라고 보면 돼요.
그런데 시험을 잘 치른 것은 "잘"이라는 부사의 역할이에요.
그래서 원어민들은 well이라는 부사를 사용해서 행동인 do를 꾸며준답니다.

Oops! 실수하지 마세요!

시험에서 좋은 결과를 냈을 때 쓰는 올바른 표현

· I did well in the exam.
→ 나 시험 잘 봤어.

How was your first day at work? Nervous? Exciting? Both?

◎ 오늘 회사에서의 첫날 어땠어? 긴장됐어? 신났어? 둘 다였어?

MP3

I think I <u>did</u> pretty <u>well</u> for a first day. At least, I didn't mess anything up!

◎ 첫날 치고는 꽤 잘한 것 같아. 적어도 큰 실수는 안 했으니까!

 That's a good start! Do you think you made a good first impression on your coworkers?

◎ 그럼 다행이지! 동료들한테 좋은 인상 남겼을 것 같아?

Well, they haven't given me any real tasks yet, so it's hard to tell.

◎ 음, 아직 제대로 된 일을 안 맡겨줘서 잘 모르겠어.

In a message 키워드와 힌트를 활용해서 나의 메시지를 남겨 보세요.

[키워드] — a jack of all trades – who – at – everything

▥ **나의 메시지**

그는 모든 일을 잘 하는 팔방미인이야.

who가 뒷 문장의 주어 역할을 해줘요. [힌트]

정답 He's a jack of all trades who does well at everything.

73 카메라를 켜.

(X) Open your camara.

(O) Turn your camera on.

켜는 것은 닫혀 있는 카메라를 "여는 것" 같은데, 왜 open은 잘못된 표현일까요?

그 이유는?

open은 주로 문이나 창문처럼 물리적으로 닫혀 있는 것을 열 때 사용해요.
혹은 소프트웨어에 접속하는 상황에도 쓸 수 있죠.
그래서 Open your camera.라고 하면 카메라의 덮개를 열거나 카메라 앱을 터치해서 실행하는
상황으로 인식할 수 있어요.
이럴 때 원어민들은 "전자 기기의 전원을 켜다"라는 뜻의 turn on을 사용해요.

Oops! 실수하지 마세요!

꺼진 카메라의 전원을 켜라고 할 때 쓰는 표현

· Turn your camera on.
 ➡ 카메라를 켜.

MP3

Hey! So good to see you! Come on, <u>turn on your camera</u>. I need proof you're real.

🔘 야! 만나서 반가워! 자, 카메라 좀 켜봐. 네가 진짜 사람이 맞는지 확인해야겠어.

Haha, trust me, I'm real! But my profile pic looks way better than I do right now.

🔘 하하, 나 진짜 사람이야! 근데 내 프로필 사진이 지금 모습보다 훨씬 나을 텐데.

We're all just here to have fun. No filters, no judgment!

🔘 우리 그냥 즐기려고 모인 거잖아. 무필터, 무평가!

Alright, fine... I'll <u>turn on my camera</u>, but don't say I didn't warn you!

🔘 좋아, 좋아... 카메라 켤게. 근데 놀라지 마!

Haha, no promises!

🔘 하하, 장담 못해!

In a message 키워드와 힌트를 활용해서 나의 메시지를 남겨 보세요.

키워드 — **both (A) and (B)** — **for** — **meeting**

▨ 나의 메시지

온라인 회의에서는 카메라와 오디오를 모두 켜주세요.

_____

"~해주세요."라는 정중한 부탁 표현을 써 보세요. 힌트

정답 Please turn both your camera and audio on for the online meeting.

74 오늘은 사람이 적네요.

(X) There are less people today.

(O) There are fewer people today.

분명히 "~보다 적은"은 less라고 배웠는데, 왜 잘못된 표현일까요?

그 이유는?

less는 "더 적은"이라는 뜻은 맞지만, time이나 water 처럼 셀 수 없는 명사와 함께 사용돼요.
그런데 사람은 셀 수 있기 때문에 잘못된 표현이 되는 거죠. 이럴 때 원어민들은 가산명사와 함께
쓸 수 있는 "얼마 안 되는"이라는 부정적인 뜻의 few를 비교급으로 확대시켜서 fewer "더 적은"이
라고 사용해요.

Oops! 실수하지 마세요!

수를 셀 수 있는 대상이 적게 있다고 할 때 쓰는 올바른 표현

· There are fewer people today.
  ➡ 오늘은 사람이 적네요.

It's the weekend, but <u>there are fewer people</u> on the street than usual.

◉ 주말인데 거리에 사람이 평소보다 적네.

MP3

Oh, you didn't hear? A new nightlife hotspot just opened in the next neighborhood.

◉ 아, 몰랐어? 옆 동네에 새로운 핫플이 생겼잖아.

 Ah, so that's where everyone went! No wonder <u>there are fewer people</u> here today.

◉ 아, 그래서 사람들이 다 거기로 간 거구나! 어쩐지 여기 오늘 사람이 없더라니.

Yeah, probably! Even my friends are all meeting up there tonight.

◉ 아마 그럴걸! 내 친구들도 오늘 다 거기에서 만나기로 했어.

In a message   키워드와 힌트를 활용해서 나의 메시지를 남겨 보세요.

[키워드]— be worried — might have to — because — there — be

■ 나의 메시지

요즘 오는 손님이 적어서 가게를 닫아야 할까봐.

_____

"가게"와 "닫다"라는 단어는 쉽게 떠올릴 수 있을 거에요. [힌트]

정답 I'm worried I might have to close the shop because there are fewer customers.

펜 좀 빌려줄래?

(X) Can you borrow me your pen?

(O) Can you lend me your pen?

borrow는 무언가를 빌릴 때 쓰는 동사인데, 왜 잘못된 표현일까요?

그 이유는?

borrow는 "빌리다"라는 뜻이지 "빌려주다"라는 의미가 아니기 때문이에요.

그래서 Can you borrow your pen?이라고 하면, 네가 너의 펜을 빌려 가는 이상한 문장이 되는 거죠.

이럴 때 원어민들은 lend "빌려주다"라는 단어를 사용해서 Can you lend me ~? "나에게 빌려줄래?"라고 말해요. 단, 주어를 반대로 바꿔서 Can I borrow ~? "내가 빌려도 될까?"는 올바른 활용이니 얼마든지 사용할 수 있어요.

Oops! 실수하지 마세요!

상대방에게 빌려달라고 요청할 때 쓰는 올바른 표현

· Can you lend me your pen?

➡ 펜 좀 빌려줄래?

MP3

Where did I put my phone? I just had it a second ago!

◐ 휴대폰을 어디에 뒀지? 방금까지 들고 있었는데!

Try checking your bag or your pockets.

◐ 가방이나 주머니를 뒤져봐.

Can you lend me your phone? I'll call mine and see if I can find it.

◐ 네 휴대폰 좀 빌려줄래? 내 폰으로 전화해볼게.

Sure, but if it's on silent, you might not hear it.

◐ 물론. 그런데 진동으로 되어 있으면 소리를 못 들을 수도 있어.

Oh no... I did put it on silent earlier. This is a disaster!

◐ 아, 맞다... 아까 무음으로 해놨는데. 큰일 났어!

Relax! Let me call it anyway. Maybe you'll see the screen light up.

◐ 진정해! 그래도 전화해볼게. 화면이 켜지는 걸 볼 수도 있잖아.

In a message   키워드와 힌트를 활용해서 나의 메시지를 남겨 보세요.

키워드 ▶ **login - account - be suspended**

■ 나의 메시지

네 쿠팡 아이디 좀 빌려줄 수 있어? 내 계정이 정지되었어.

login과 account는 "계정에 접근할 정보"의 의미로도 사용돼요.   힌트

📣 정답 Can you lend me your Coupang login? My account is suspended.